新时代"大赶考"

浙江景宁的干部动员与治理实践

陈承新　等著

中国社会科学出版社

图书在版编目(CIP)数据

新时代"大赶考":浙江景宁的干部动员与治理实践/陈承新等著.
—北京:中国社会科学出版社,2020.2
ISBN 978-7-5203-5398-4

Ⅰ.①新… Ⅱ.①陈… Ⅲ.①地方政府—基层干部—干部管理—管理制度—研究—景宁畲族自治县 Ⅳ.①D625.554②D630.3

中国版本图书馆 CIP 数据核字(2019)第 229044 号

出 版 人	赵剑英
责任编辑	王 琪
责任校对	鲍凤英
责任印制	王 超

出　　版	中国社会科学出版社
社　　址	北京鼓楼西大街甲 158 号
邮　　编	100720
网　　址	http://www.csspw.cn
发 行 部	010-84083685
门 市 部	010-84029450
经　　销	新华书店及其他书店
印　　刷	北京明恒达印务有限公司
装　　订	廊坊市广阳区广增装订厂
版　　次	2020 年 2 月第 1 版
印　　次	2020 年 2 月第 1 次印刷
开　　本	710×1000 1/16
印　　张	13.25
插　　页	2
字　　数	201 千字
定　　价	65.00 元

凡购买中国社会科学出版社图书,如有质量问题请与本社营销中心联系调换
电话:010-84083683
版权所有　侵权必究

前　言

　　1949年3月23日，中共中央离开最后一个农村指挥所驻地西柏坡，前往当时的北平。在这一历史性的时刻，毛泽东同志说，"今天是进京的日子，进京赶考去"，"我们绝不当李自成，我们都希望考个好成绩"。中国共产党夺取全国性革命胜利指日可待，这时毛泽东同志所考虑的则是全党将要面临的巨大考验。在执掌全国政权、领导国家建设的征程中，中国共产党还面临着许多未知的领域。因此，毛泽东同志说，夺取全国胜利只是"万里长征第一步"，后面还有许多"考试"等待着中国共产党人。

　　中华人民共和国成立70年来的实践证明，中国共产党考出了好成绩，向人民交出了满意的"赶考"答卷。"考"出了好成绩，是不是"赶考"就可以结束了？

　　"赶考"远未结束。

　　2013年7月，习近平总书记再次来到西柏坡，语重心长地告诫大家："当年党中央离开西柏坡时，毛泽东同志说是'进京赶考'。60多年过去了，我们取得了巨大进步，中国人民站起来了，富起来了，但我们面临的挑战和问题依然严峻复杂，应该说，党面临的'赶考'远未结束。"[①]"赶考"是"不忘初心"的体现，是"牢记

---

　　① 李斌：《党面临的"赶考"远未结束——习近平总书记再访西柏坡侧记》，2013年7月15日，中国廉政网，转载于中国共产党新闻网（http://fanfu.people.com.cn/n/2013/0715/c141423-22200199.html）。

使命"的行动，"赶考"没有完成时。习近平总书记多次强调这一点："我们一代一代共产党人都要不断地接受人民的'考试'、执政的'考试'，向人民和历史交出满意的答卷。……执政不能忘本。"

进入新时代，一场新的"大赶考"正在浙西南秀美的群山中进行着，用实际行动践行着"赶考"精神，改变着当地面貌。这就是自2017年5月开始的丽水市景宁畲族自治县"志不求易、事不避难"创新实干大赶考。景宁是中国唯一的畲族自治县，是典型的绿水青山之地。景宁历史悠久，相传西汉时，有浮丘伯氏，携二仙鹤，漫游至景宁，见此处山色青翠，河水清澈，树木葱茏，甚为欢喜，于是结庐河边，沐仙鹤于河中，后不知所终。[①] 浮丘伯是秦汉时期从旧儒学到新儒学发展历史中承前启后的重要人物，为纪念他曾来此，后人称沐鹤之水为鹤溪、结庐处为浮丘。据说居住在此地的人都长命百岁。畲民自称"山哈"，隋开皇九年[②]，处士星明大而黄，隋文帝下令在处士星分野对应之地设置处州，意为人才之州。处州后改名丽水，景宁便在这处州之中。1984年6月经国务院批准建立畲族自治县。

景宁"大赶考"源于党中央对于欠发达少数民族地区的关注和期望。2014年，在畲族自治县成立三十周年之际，景宁县委以信件的形式向习近平总书记汇报了在党的民族政策指引下，畲乡景宁经济社会发展取得的新成效、新变化。习近平总书记收到汇报信后，指示中办复信，对景宁工作给予高度肯定并对今后工作做出重要指示，要求景宁"志不求易，事不避难"，抓住全面深化改革的机遇，开拓创新，奋发有为，在新的起点上谱写改革发展的绚丽新篇。

---

① 《景宁畲族的民风民俗》，2018年2月2日，新茶网（http://www.xincha.com/x/1448725/）。

② 隋文帝开皇九年，即西历589年。年初，隋军入建康（今南京），结束了自西晋末年以来的分裂局面，重新统一中国。江南归于隋朝统治。

前言

为落实习近平总书记的嘱托，景宁县委首次探索并全面实行畲乡景宁"志不求易、事不避难"创新实干大赶考，号召全县干部群众高举习近平新时代中国特色社会主义思想伟大旗帜，坚持以党的十九大精神为指引，把"实干"作为主基调，把"创新"作为最强音，把"赶考"作为新状态，加快打造"民族风情特色园"，奋力建设美丽幸福新景宁，不断满足畲乡人民日益增长的美好生活需要。

如今，"大赶考"在景宁实施已经三个年头，取得了一系列可喜的成效。景宁县人少地僻，除了山清水秀之外，各项工作在丽水全市的排名长期处于靠后状态。但"大赶考"开始后，当地的很多工作发生了较大变化。景宁当地的干部群众普遍反映，"大赶考"让人民群众获得了实实在在的实惠，让景宁面貌焕然一新。

"大赶考"为何能取得这样的成效？主要在于它明晰中国共产党的领导和中国特色社会主义民主政治公共价值的统一性，始终坚持人民意志是党员干部治理能力的价值依归；始终将人民群众的需要放在首位，以"大"的广度、"赶"的状态和"考"的方式，借助"跳起来摘桃子"的目标设定办法和结果运用机制，让干部真正"动"起来，初步解决了如何在新时代实现干部动员的问题。

"大赶考"成效显著，但"行百里者半九十"。习近平总书记指出："从实现'两个一百年'目标到实现中华民族伟大复兴的中国梦，我们正在征程中。'考试'仍在继续，所有领导干部和全体党员要继续把人民对中国共产党的'考试'、把中国共产党正在经受和将要经受各种考验的'考试'考好，努力交出优异的答卷。"[①]

为实现中华民族伟大复兴，需要更多的地方加入"赶考"队伍中，需要各级党员领导干部都"动"起来，时刻牢记人民群众对美

[①] 李斌：《党面临的"赶考"远未结束——习近平总书记再访西柏坡侧记》，2013年7月15日，中国共产党新闻网（http://fanfu.people.com.cn/n/2013/0715/c141423-22200199.html）。

好生活的向往就是党的初心和使命。

本书就围绕"如何做好干部动员，切实激励干部担当作为，以改善基层治理实践，实现以人民为中心的发展"这一问题展开。

干部动员，既包括干部激励，也包括干部监督，还包括干部保障。基层干部动员的落脚点是治理实践，追求的是如何通过调动干部群体，推动基层工作的全面开展，促进基层治理能力的提升，实现基层治理现代化。脱离治理实践初衷和核心追求的干部动员是空洞无力和不切实际的，脱离有效干部动员的治理实践也是不可持续和发展的。浙江景宁的"大赶考"机制探索，实现了干部动员与治理实践的统一。本书的框架结构和逻辑思路如下。

第一章围绕"什么是新时代'大赶考'"展开，从全国干部队伍动员和基层治理的普遍性问题出发，导引追溯新时代"大赶考"的时代背景及其诞生实况。如何激励干部担当作为，实现以人民为中心的发展，是一个老问题，也是一个新问题，更是一个在全国各地普遍存在的难题。问题导向下，浙江景宁的"大赶考"机制正是领会中央精神、提高政治站位并结合自身实际的大胆破题，并坚持在持续调适中逐步演变和完善。

第二章围绕"'大赶考'何以成功"展开，着力揭示"大赶考"机制缘何有效实现干部动员的奥秘。"大赶考"机制从年初到年终形成了一个完整的闭环，从前一年到后一年形成了连贯的考核管理体系，并在运行机制方面呈现出几大特色：工作目标设定上下结合；公开机制强化责任意识；评测工作难度主客观结合；全员参与增强团队内外协作；常态监测注重帮扶指导；考核结果与选拔任用紧密匹配。

第三章围绕"'大赶考'有什么成效"展开，主要考察"大赶考"机制实施以来，景宁全面深化改革，取得了哪些干部动员实绩，

前言

带来了哪些基层治理的改善。"大赶考"聚焦党员干部这一中国特色基层治理主体，在动员干部的同时全面提高干部基层治理能力，进而显著提升基层治理成效。"大赶考"机制是干部动员与治理实践的统一，是实现基层治理现代化和提升治理能力的统一，在全面提升县域治理能力、推动以人民为中心的发展方面取得初步成效。这种成效具有全面综合的特点，涵盖了绿色发展、社会民生、文化繁荣、生态保护、城乡建设、基层党建等各个方面；这种成效也具有可分形、可扩展的特征，从部门、乡镇到村社，都取得了提升工作实绩、促进民众福祉的良好效果。

第四章围绕"'大赶考'的实践经验与改进空间"展开。新时代干部动员机制创新的根本要求是什么，突破口在哪里，如何激活机制、增进实效，甚至如何全面深化干部管理改革，新时代"大赶考"都做出了回答，其制度改进空间也意至全局。

第五章是"跳出景宁看干部动员与治理实践"，进一步思考新时代"大赶考"带来的理论意义与更广层面的启示。新时代"大赶考"对既有的干部动员相关理论的不足做出了策略性突破，并对理想干部动员机制的可能性和机制革新的可持续性展开进一步探讨。对现实操作过程中"如何把握干部动员与治理实践的关系"提供了实践经验。

"大赶考"中的工作亮点梳理和调研实录，对于全书内容和研究体系化而言是重要组成，对于全书逻辑结构又似乎无法统合。鉴于此，我们对两者做了节选处理，并以夹叙夹议的方式，紧扣干部动员与治理实践的主题完成。

作为一项历时一年的案例研究，课题组同志们全情付出。本书课题组成员还包括我的同事刘建进研究员、郭静副研究员、冯钺副研究员、陈海莹助理研究员和邓怡同学。从2019年元旦开始，课题组同志前后5次赴景宁调研，走访了当地的政府部门、乡镇（街道)、企业、学校和市场,开展座谈和访谈50余次。其中,冯钺和郭静两位同志分别参与了前言和第二章的撰写,刘建进、陈海莹和邓怡三位同志参与了全书的修改统稿。一年的定点观察和研究,我们亲身见证、参与和思考基层制度的探索和改进,地方治理的实操迭代和理念深化,每一次在景宁调研都会带来较大的内心冲击和感悟,也对"大赶考"有了更加真切的理解。

景宁的"大赶考"经验,对促进全国基层治理水平的提高和干部动员机制的改善具有重要实践意义。景宁的"大赶考"让党员干部"跳起来摘桃子",让原来"躺着的站起来,站着的跑起来,跑着的争第一",形成了人人争先赶超、多数舒心服气的新局面。这是对治理"懒政""怠政"问题的重要探索和贡献,也为我国基层地区提升治理水平和能力提供了鲜活的样板和借鉴。当然,"大赶考"仍是一个新生事物,直到我们完成本书时,它的推出和实施也不过才三个年头,它的改进空间和可持续性值得继续观察、深入研究和探讨。

目 录

第一章 新时代干部动员面临挑战 …………………………（1）
  一 治理能力提升需要有效干部动员 ……………………（2）
    （一）何为干部治理能力标配 …………………………（3）
    （二）以何保障治理能力提升 …………………………（4）
  二 干部动员面临困境 ……………………………………（5）
    （一）干部动员"老大难" ………………………………（5）
    （二）干部动员存在治理思维困境 ……………………（7）
    （三）干部动员存在治理机制困境 ……………………（9）
  三 景宁"大赶考"探索破题 ……………………………（15）
    （一）制度缘起 …………………………………………（15）
    （二）发展历程 …………………………………………（18）
    （三）"四梁三石二柱" …………………………………（22）

第二章 "大赶考"探索干部动员机制创新 ……………（25）
  一 工作目标设定上下结合 ………………………………（26）
    （一）创新举措的设计 …………………………………（26）
    （二）创新措施的机制分析 ……………………………（27）
  二 公开机制强化责任意识 ………………………………（30）

（一）创新举措的设计 ……………………………（30）
　　　（二）创新举措的机制分析 ………………………（33）
　三　评测工作难度主客观结合 …………………………（37）
　　　（一）创新举措的设计 ……………………………（37）
　　　（二）创新举措的机制分析 ………………………（40）
　四　全员参与增强团队内外协作 ………………………（46）
　　　（一）创新举措的设计 ……………………………（46）
　　　（二）创新举措的效应和机制分析 ………………（46）
　五　常态监测注重帮扶指导 ……………………………（51）
　　　（一）创新举措的设计 ……………………………（52）
　　　（二）创新举措的机制分析 ………………………（53）
　六　考核结果与选拔任用紧密匹配 ……………………（55）
　　　（一）创新举措的设计 ……………………………（56）
　　　（二）创新举措的机制分析 ………………………（57）

第三章　"大赶考"全面改善基层治理 ……………………（61）
　一　"大赶考"聚焦基层治理主体 ………………………（62）
　　　（一）干部在基层治理中的主导性 ………………（62）
　　　（二）干部与其他治理主体的关系 ………………（63）
　　　（三）景宁的治理主体现状 ………………………（64）
　二　"大赶考"全面提高干部基层治理能力 ……………（66）
　　　（一）基层治理能力的解读 ………………………（66）
　　　（二）基层治理能力的提升 ………………………（69）
　　　（三）年轻干部治理能力培养的难题破解 ………（75）
　三　"大赶考"显著提升基层治理成效 …………………（78）
　　　（一）绿色经济 ……………………………………（79）

（二）生态发展 …………………………………………（80）
（三）社会治理 …………………………………………（80）
（四）公共服务 …………………………………………（81）

第四章 "大赶考"机制的实践经验与改进空间 …………（83）
一 "大赶考"机制的实践经验 …………………………（83）
（一）明晰干部动员机制创新的根本要求 ……………（84）
（二）把握干部动员机制创新的立足点 ………………（85）
（三）保证干部动员实效需要两个条件 ………………（88）
（四）激活干部动员机制需要制度化民主 ……………（90）
（五）推动干部动员机制创新需要党建引领 …………（92）
二 "大赶考"机制的改进空间 …………………………（96）
（一）干部动员着力点的改进空间 ……………………（96）
（二）干部动员内容的改进空间 ………………………（96）
（三）干部动员机制的效果评估 ………………………（97）
（四）干部动员机制中的民意回应能力评估 …………（98）

第五章 新时代"大赶考"的理论意义与扩展思考 ………（100）
一 厘清干部动员相关认识 ………………………………（100）
（一）干部动员相关理论摘撷 …………………………（100）
（二）中西干部动员背景与机制比较 …………………（103）
二 "大赶考"的策略性理论突破 ………………………（104）
（一）干部动员相关理论反思 …………………………（105）
（二）"大赶考"机制实现策略性理论突破的模型
分析 ………………………………………………（106）
三 "大赶考"之后的扩展思考 …………………………（107）

（一）理想干部动员机制的可能性探讨 …………（108）
　　（二）干部动员机制创新的可持续性探讨 ………（110）

附录一 "大赶考"持续催生工作亮点…………（112）

附录二 "大赶考"陈述会观摩及访谈（节选）………（177）

参考文献……………………………………………（197）

致　谢………………………………………………（200）

第一章　新时代干部动员面临挑战

干部的作用，被认为是中国取得发展成就的奥秘之一。重视干部、充分发挥干部的作用，是社会主义国家和共产党的传统。斯大林同志提出："在正确的政治路线提出以后，组织工作就决定一切。"① 毛泽东同志进一步明确强调："正确的路线确定之后，干部就是决定的因素。"② 邓小平同志阐释了改革开放时期干部工作的重要性："正确的政治路线要靠正确的组织路线来保证。中国的事情能不能办好，社会主义和改革开放能不能坚持，经济能不能快一点发展起来，国家能不能长治久安，从一定意义上说，关键在人。"③ 习近平总书记在党的十九大报告中再次强调干部的重要性："党的干部是党和国家事业的中坚力量。"④

"党的全面领导、党的全部工作要靠党的坚强组织体系去实现。"⑤

---

① 斯大林：《在党的第十七次代表大会上关于联共（布）中央工作的总结报告》，《斯大林选集》下卷，人民出版社1979年版，第343页。

② 毛泽东：《中国共产党在民族战争中的地位》，《毛泽东选集》第二卷，人民出版社1991年版，第526页。

③ 邓小平：《在武昌、深圳、珠海、上海等地的谈话要点》，《邓小平文选》第三卷，人民出版社1993年版，第380、365页。

④ 习近平：《决胜全面建成小康社会　夺取新时代中国特色社会主义伟大胜利——在中国共产党第十九次全国代表大会上的报告》，人民出版社2017年版，第64页。

⑤ 习近平：《切实贯彻落实新时代党的组织路线　全党努力把党建设得更加坚强有力》，《人民日报》2018年7月5日第1版。

党的组织工作根据时代、环境、任务要求的变化，不断探索改进组织制度和干部管理制度。实践证明，这套干部制度是成功的。在革命、国家建设和改革等不同历史时期，干部很好地发挥了中坚作用。改革开放以来，中国经济持续快速发展，工业化、城镇化、信息化程度大幅提高，经济总量世界排位持续跃升，这些成就的取得，离不开干部队伍在国家治理中的中坚作用，离不开正确的组织路线的保证。随着中国经济发展成就越来越引人瞩目，干部在中国经济发展过程中的重要作用，干部在中国社会治理过程中的重要作用，也得到了越来越广泛的关注和认可。在这一发展和治理过程中，干部动员起到了非常重要的主体带动作用。

如何理解干部动员？干部动员，既包括干部激励，也包括干部监督，还包括干部保障。基层干部动员的落脚点是治理实践，追求的是如何通过调动干部群体，推动基层工作的全面开展，促进基层治理能力的提升，实现基层治理现代化。脱离治理实践初衷和核心追求的干部动员是空洞无力和不切实际的，脱离有效干部动员的治理实践也是不可持续和不可发展的。

如何做好干部动员，激励干部担当作为，以改善基层治理，实现以人民为中心的发展，是一个老问题，也是一个新问题，更是一个当下在中国各地普遍面临的难题。问题导向下，浙江景宁的"大赶考"机制正是领会中央精神、提高政治站位并结合自身实际的大胆破题，并坚持在持续调适中逐步演变、不断完善。

一　治理能力提升需要有效干部动员

实现治理能力和治理体系的现代化是中国共产党致力于全面深化改革而提出的总目标之一。治理能力是全球治理时代各民族国家竞争的重要维度，也是中国场域下衡量党员干部综合素质的重要指标。中国国家治理能力的现代化和制度优势集中体现于党员干部贯穿治国理政实践的集体智慧。

（一）何为干部治理能力标配

秉持以人民为中心的立场，是党员干部治理能力得以依存的基石。作为中国共产党治国理政的中坚力量，党员干部只有始终不忘体现人民意志的中国特色社会主义前置性公共价值，坚持人民主体地位，把人民对美好生活的向往作为自己的奋斗目标，把为人民谋幸福作为根本职责，才能保证治理能力真正具有理论意义和实践价值的统一性。

从实践考量，秉持以人民为中心的立场反映了治理能力的内涵。广大党员干部能够解决人民群众所需所急所盼，让人民共享经济、政治、文化、社会、生态等各方面发展成果，不仅需要了解老百姓的物质和精神需求，还要以灵活的方式加强与群众沟通，扩大人民有序政治参与。

因此，在秉持以人民为中心的立场基础上，实干、担当、作为就集中体现了党员干部治理能力的特征。

实干，着眼于锤炼动力，既要"实"又要"干"，勇于实践，踏实肯干，既具备认真严谨、踏实肯干的清晰工作态度，又具备立足现实、从实际出发的务实工作内容。勇于实践，就意味着敢于率先解放思想，敢想敢闯敢干，坚定不移走创新驱动发展道路，让创新带动发展。踏实肯干，就意味着创新是务实创新，是在坚持创新带动发展道路中始终坚持一切从实际出发，始终坚持从人民群众的根本诉求出发，对于偏离人民群众根本诉求和国家治理实际特点的做法予以坚决抵制，做到干成事又不出事。

自全面从严治党实施以后，点卯看报、啥也不干的干部少了，但是"虚干"作风仍然有相当市场：有的看着忙忙叨叨，加班加点，实际上忙的都是形式和"阵仗"；有的面上工作漂漂亮亮，实际上没有顾及民众需求，只是为应付上级检查的"政绩工程"；有的地方仍然是"门难进、脸难看、事难办"，有的地方则进化成"门好进、脸好看、事不办"。

担当、作为，着眼于锤炼能力，是党员干部主体性的集中呈现，就是"志不求易、事不避难"。在履行本职工作时负起责任，履职尽责，做好"规定动作"，是担当、作为；在遇到困难和挑战时勇于知难而进，化解矛盾，也是担当、作为；在"规定动作"之外，主动调研了解民众诉求，主动谋划"自选动作"，针对民生民意推出制度创新或者民主决策，同样是有担当有作为的能力彰显。在部分欠发达地区，"等、靠、要""慵、懒、散"的现象仍然在一定程度上存在。

一句话，秉持人民立场，实干担当有作为，是新时代党员干部治理能力的标配。

（二）以何保障治理能力提升

干部队伍是中国国家治理的主导性主体，如何发挥制度优势，切实提高上述治理能力，是实现治理能力现代化的着力点。

围绕着治理能力现代化的主题，主要有两大类制度：一类是关乎治国理政的制度，一类是保障前一类制度落实的制度。关乎治国理政的制度，包括支撑中国特色社会主义制度的根本制度、基本制度以及一系列重要制度，是一国国家治理的基石。保障前一类制度落实的制度，包括干部动员机制、干部保障体系等一系列制度，是前一类制度得以顺利执行和适时调整的保证，是激励和督促党员干部实干担当作为的保证。

治理能力的提高需要行之有效的制度建设。这里的制度建设，包括制度强化，也包括制度调适和制度创新。一方面，要用制度治本的方式巩固治理成果；另一方面，也要通过能力建设相关制度创新，不断提升党员领导干部运用制度加强治理、严格按照制度履行职责的能力。

在基本制度不稳的情况下，怎样体现治理能力？基本制度的健全和完善是根本，大政治、大制度层面没有稳定下来，缺少强大的维持或防范风险的治理能力，最终还是会损害大多数人的利益，与"善治"背道而驰。因此，开展提升治理能力的制度建设，首先要巩固和完善关乎治国理政的制度建设，其次要探索关乎能力建设的制度调整甚或制度创新。

着眼于关乎能力建设的制度调适和创新有助于培养一批想成事、能成事、成事又不出事的人民干部，切实推进治理能力现代化。党员干部治理能力的提高和培养需要"激励+督促"并行的有效机制，需要能够动员党员干部们主动谋划、广听民意、科学评估，努力寻求上级政策和民众利益最佳结合点的有效机制。要鼓励广大党员干部实干担当，期盼治理能力现代化，就需要在"激励+督促"并行的干部动员机制方面持续做出有益的探索。

二 干部动员面临困境

有效的干部动员机制探索面临着"懒政""怠政"、形式主义、官僚主义等诸多挑战，这些挑战来自治理实践中的几大困境。

（一）干部动员"老大难"

当前提升治理能力的制度建设尤其是干部动员机制建设面临什

么困难？

"懒政""怠政"，形式主义、官僚主义，历来是干部动员等干部管理领域的"老大难"，其社会危害性丝毫不亚于贪腐。习近平总书记在中央和国家机关党的建设工作会议中指出，"不做饱食终日、无所用心的懒官，也"不做推诿扯皮、不思进取的庸官"。[①] 党员干部在其位不谋其政，推诿扯皮、不思进取，会直接损害人民群众利益。长此以往，群众对这些庸官懒官会从不满到心生怨恨，从怨恨个别干部到怨恨政府，必将极大影响政府的公信力，严重阻碍政权稳定和民族复兴大业的顺利进行。

但是，由于"懒政""怠政"的隐蔽性强，不容易被发现，也不容易处理，在某些情况下还有可能蔓延影响更多的官员。例如，广泛征求意见的初衷是为了集思广益，体现决策民主，但是在实际操作中有可能成为一种变相推卸责任的手段。为了不担责，不管有没有必要，甚至有没有关系，很多部门在下发文件、出台政策的时候，都要求普遍征求所有其他部门的意见。对于征求意见部门的干部，这是一种形式主义；对于被征求意见部门的干部，这则成为一种负担，进而让"懒政""怠政"、形式主义、官僚主义等问题不断加剧，难上加难。新时代的中国国家治理，形势错综复杂，"懒政""怠政"现象在相当范围内存在，非常考验党委政府、广大党员干部的治理能力。

进入新时代，中央和各级党政部门反复出台整治措施，但是"懒政""怠政"现象依然在相当范围内存在。在经济发展不断加快、社会管理日益复杂的地区，"懒政""怠政"的现象较少。一方面是因为这些地区政府治理任务重，干部鲜有"懒政""怠政"的

[①] 《习近平出席中央和国家机关党的建设工作会议并发表重要讲话》，2019年7月9日，新华社（http://www.gov.cn/xinwen/2019-07/09/content_5407704.htm）。

机会；另一方面也是因为这些地区竞争激烈，不容懈怠。但是，在其他地区，尤其是相对偏远的地区、经济发展相对落后的地区，"懒政""怠政"的问题相对普遍和更加严重。

以景宁县为例，该县从 2015 年开始每年接收上级财政转移支付金额超过 20 亿元。高额的财政转移支付掩盖了景宁本身的财政问题，使得当地一些干部在相当程度上失去了发现问题、解决问题的积极性，"等、靠、要"的思想日益严重。这类干部往往循规蹈矩，不会在工作中出现大的差错，在政治上也很少出现重大问题，但从长远的角度看，就是这类干部逐渐导致政府失去活力，脱离群众，最终带来极大的负面影响。然而，欲激发这类干部的积极性并非易事，以往虽有长期的探索，但是在理论和实践上都面临着困境。

（二）干部动员存在治理思维困境

自中华人民共和国成立以来，党和政府总计进行了八次政府机构改革，这些改革立足于完善政府机构，精简办事人员，是在系统层面对政府机构进行的优化，有利于政府更好地发挥治理职能。然而，有些政府结构在一定程度得到了改善，但没有直接解决治理能力提升问题。由于许多地区的党员干部缺乏工作积极性，缺乏担当作为，无论是作为个体的党员干部还是作为组织整体的政府，治理能力提升都受到了限制。当前的干部动员难题原因在哪里？为什么有效干部动员机制的探索如此艰难，让治理能力的提升受到制约？这首先主要来自治理思维上存在的问题，更多地体现在用人导向和工作导向方面的思维误区。

中国共产党历来注重干部队伍建设，并在干部队伍建设中树立相应的用人导向。自新民主主义革命时期到中华人民共和国成立初期，专业化、年轻化等干部用人导向就始终贯穿中国共产党选人用人的标准树立和实践之中。干部队伍"四化"方针,即"实现干部队伍的革命化、年轻化、知识化、专业化",作为一个个单独的词汇,它们在新民主主义革命时期和中华人民共和国成立初期的党的文献中均已出现过,就是一个佐证。改革开放前后,为了适应社会主义现代化建设的新要求,以邓小平同志为核心的党的第二代中央领导集体,着力探求干部队伍建设的方法和途径,系统提出了干部队伍"四化"方针,成为新时期干部队伍建设的指导方针,也选拔并极大激励了一大批高素质的党员干部队伍。

但是,受限于国内外形势和各个地区的政策理解,不少地方在用人导向上出现了偏差,进而影响干部动员机制作用的有效发挥。例如,在选用干部时一味讲求专业化,学历成为干部选用的唯一标准,有些组织部门规定了硕士研究生甚至博士研究生学历的招考准入门槛,有些职能部门热衷于引进外地人才并给予较大的待遇偏向。上述用人导向带来的一大结果是,很多干部入职前缺少基层治理实践的历练,对社会治理缺乏足够的认知和理解,擅考不擅干,很多部门和职位出现人职不匹配的状况。上述用人导向带来的另一大结果是,很多干部对于自我的认知出现偏差,认为考试成绩的高分就等同于工作能力强,过多强调自我而忽略组织、环境、形势等其他方面的助推效应,从而影响其对党委政府工作的大局观和大视野,也影响其真正治理能力的提升。此外,其他干部也会因为唯考试、唯学历的用人倾向而大减士气,实干担当作为无所依从,干部动员问题凸显。几十年来的实践证明,"唯学历"选拔出来的干部充斥着各个部门,乱指挥、瞎指挥现象极为严重。和平条件下,这些学历型干部可能还能维持一时,天灾人祸等各类危机一来,则惊慌失措、决策混乱,给党和人民的事业造成各种严重后果。

此外,因人事权的实操归属而形成的唯上不唯下的思维导向也于无声处逐渐破坏良好的政治生态，影响干部动员机制的有效发挥。

（三）干部动员存在治理机制困境

当前我国政府的干部动员机制以绩效考评为核心，基于绩效成绩来决定奖金、升迁、处罚等结果。我国现代意义上的绩效考评改革始于 20 世纪 80 年代，主要是在"目标责任制"的理念下开始的。随后，绩效考评体系不断科学化、精确化，成为我国政府治理模式的重要组成部分。绩效考评对于克服政府工作评价中的主观性因素具有积极意义，同时也可以发挥导向和促进的作用，成为深化政府行政管理体制改革的重要工具。然而，这样的干部动员机制目前面临着一些难以解决的问题。就本质而言，所谓的绩效考评改革，是由于自 20 世纪 80 年代起受市场经济思维影响，把市场经济中的一些办法引入行政领域、科研领域和教育领域，短期内看似起到了考核作用，长期考量，市场思维指导的绩效考评方法给党和人民的事业造成的危害是极其严重的。

1. 干部考评机制的指标设置制约干部动员

在干部管理整套制度体系中，工作考核评价体系是一个基础性组成部分，干部的选拔和任用、保障和奖励等制度均以干部工作的考核评价结果为基础。工作考核评价结果的质量，关系着干部激励的实际效果，也关系着干部选拔任用的质量。工作考核评价体系，作为干部管理制度的重要组成部分，需要具备两个方面的功能：一是贯彻党和政府制定的方针政策，二是准确评价干部的工作状态，发现人才。有效的干部动员，就需要功能性指向明确的、高质量的干部工作考核评价，并配合其他干部管理制度，方可实现。

改革开放后，为推动以经济建设为中心的国家发展战略，中国的干部管理制度锐意改革，尤其重视提高干部工作考核评价的质量，不断探索改进如何提高干部工作评价的规范性、客观性、全面性和科学性。自20世纪90年代中后期，工作考核评价体系吸收、借鉴发达国家新公共管理的思路和措施，越来越广泛地采用了绩效考核的方法。

经过多年来的不断改进，中国干部工作绩效考核体系，从最初比较简单的GDP数量、增速和招商引资等经济类指标，到社会民生平安指标，再到环境生态保护和文化发展指标等，发展成为一个庞大的工作绩效考核体系。这套体系，把国家发展目标一步步地分解为各地区各层级党政部门的工作指标，再分解为部门内部组成单位的工作指标，可以说实现了把国家目标逐级分解到每位干部的具体工作中。工作绩效考核体系与干部晋升相结合，有效激励了干部推动地方经济发展的持续热情，构成中国经济奇迹的一个重要动力。

同时，干部工作绩效考核体系，显著提高了干部工作业绩评价的客观性、标准化程度，大大降低了干部评价的主观随意性，为和平稳定发展时期干部选拔任用提供客观标准，防止任用权的自由裁量度过大，克服"说你行你就行，不行也行；说你不行就不行，行也不行"的选人用人倾向。这是绩效考核思路不断得到推广的一大重要原因。此外，强调标准化的绩效测评，在一定程度上也起到了规范干部工作行为的作用。

在这些积极作用之外，工作绩效考核体系存在的内在缺陷，诱发了干部的某些畸形行政行为。例如，现有的大部分考评机制没能针对不同的岗位设置不同的标准，或者没能将不同的工作纳入统一的考核规范中，这种"一刀切"或者割裂的考评方式都会导致不同的工作获得相同的回报，损害干部的积极性。

考核体系的可验证性结果导向，使得对干部完成工作行为的过程和方式无法准确考察。由于不能将党委政府工作的每一个方面都量化，干部只要完成每项职责就算作合格，不能有效遏制干部的简单粗暴、形式主义、扬汤止沸等不良工作方式。

由于无法排除客观基础条件差异等因素对于工作绩效的影响，绩效考核体系存在着固化不同地区和部门优劣势的问题，大多数考核成绩排名变化度很低，排名靠前的和排名靠后的基本固定，排名中间的虽有变化，但是变化幅度很小，很难跃升到前几名，排名靠后的则长期垫底，很难拉高到中间位置，这种状况造成了干部的懈怠情绪，无论努力不努力，结果都是一个样。

考核体系的指标一般是工作的基本要求和底线要求，干部工作的困难和努力程度无法准确考察，考核得分相差无几，难以通过绩效考核成绩直观地发现"愿做事、能干事、敢扛事"的优秀干部。

同时，不少公共部门为了实现干部考核过程的可控性，便于规避诸多非客观因素，往往偏好指标和数据管理，一度对于电子信息技术平台集合量化考核的方式推崇不已。然而，考评中指标的不断复杂化，并不能如预想的那样促进政府工作效率的提高。往往相反的情况是，这样的考核和评价消耗了干部大量的时间，繁复的电子化记录考核甚至会使得具体工作停留在表格上，流于形式，变成"列清单式"的工作方式，使干部只为完成指标上的任务，脱离具体实践，阻碍了他们主观能动性的发挥。

另外，正如上文所说，在一些地区，干部"等、靠、要"思想严重，具体工作只求完成，不求提高。在这样一种情况下，绩效考评只能催促干部被动完成指标，而冗杂的考核指标还会进一步加重干部负担，引发不满，导致工作没有实际推进，上下级关系紧张。

现行绩效考核体系的弊端显现，源于我们对绩效考核的认识亟待厘清。绩效考评，尤其是近十几年来被津津乐道的量化考核，从根本上说，是市场经济思维和准则渗透行政、科研、教育和医疗等领域的体现。单向度的绩效及其量化，起初是资产阶级对工人阶级采取的一种伪装式的强制性手段，适用于资本主义条件下经济领域的部分企业，是早期、原始计件工资的变种。量化绩效考核短期内能够形成激励效应，提升经济效益，但从长期考量，存在消减人们的积极性、主动性、创造性，强化斤斤计较、唯利是图心态，打击传统社会奉献、互助精神的可能。待其深层负面效应显现出来时，大量无形损失早已造成。即使在资本主义国家的经济领域里，也不是所有企业都适宜采取绩效考评的办法。不幸的是，当初盲目模仿西方，大力主张引入量化绩效考核的群体只看到了它的表面作用，没有看到绩效深层次的负面效应，把一个在资本主义国家经济领域都慎重使用的办法当成先进经验引入中国，并向经济之外的领域大肆推广。这是站在经济角度，从经济的立场，用经济的数据和经济的办法来处理、应对非经济领域问题的典型反应。类似做法在社会中大量存在，短期内绩效考核促进了经济发展，长期看对社会、人心、文化和事业的破坏是难以估量的。因此，景宁"大赶考"的探索及其取得的经验就具有了特殊意义。

这些问题，长期没有找到有效的解决思路和措施，绩效考核体系的功效出现了衰减趋势，激励作用弱化，干部在心理上存在着对绩效考核体系的"过关"和应付情绪，在行动上找到各种"对策"。更严重的问题是，绩效考核体系对干部行为具有"绑架"效应，不计入考核"得分"的工作，干部们就没有动力去做了；对于一时难以解决的问题，干部因担心"扣分"而采用各式花样的"缓兵之计"，先保证当年不出事不被扣分再说，年年如此，已经无法有效激发干部积极性，问题则越拖越严重。

工作绩效考核体系对于景宁来说，比较突出地表现出来的缺陷，是优劣势固化。囿于自然禀赋和产业结构定位，在绩效考核指标体系中，景宁很多方面的工作，在全市和全省是长期排名垫底的。历史地看，景宁也实现了快速发展，但是尽管有省市大力度的倾向帮扶政策，景宁相比其他地区的差距，即便没有扩大，也没有显著缩小。无论努力不努力都是最后一名的局面，消解了绩效考核机制对于景宁干部的正向激励作用。晋升期望值太低的地方官员，会失去投入工作的兴趣和热情，看淡晋升利益，只求保住位子。[①]

2. 干部激励机制的三种不足影响干部动员效果

以绩效考评作为干部激励的基础，当前的激励机制主要存在三种不足。

一是物质激励与精神激励不平衡。有的部门只重视物质激励，忽视了干部对于荣誉、使命的追求，这就极大地损伤了干部的积极性。与此同时，物质激励还可能存在不足的情况。有人鼓吹公务员薪酬与市场接轨，其实世界上鲜有国家，其公务员薪酬是直接与市场接轨的。有的干部觉得物质收入与付出不成正比，积极性难以被激发，有的还主动开展权力寻租等违法行为。此外，20世纪80年代的领导职务工资改革也受到市场经济思维的较大影响，一定程度上改变了干部队伍风气，打击了干部工作积极性，所谓激励措施之一的"职务晋升"面临着职务空缺少的难题，工作晋升的"天花板"使年轻干部丧失活力。

二是精神激励缺乏标准。由于精神激励往往遭到忽视，所以这种激励方式的形式与内容、授予的条件都缺乏标准，极易被利益和人情等因素扭曲。

三是单纯的正向激励力有不逮。干部群体中常常有一群不求名利但却尸位素餐的人，也有一批自知升迁无望于是敷衍政务的人，激励措施对于这样的干部是毫无作用的。景宁以前也有评优评先，

---

① 周黎安：《中国地方官员的晋升锦标赛研究》，《经济研究》2007年第7期。

但没有真正达到效果，基本照顾全体干部感受，评出的优胜者未必是实绩最优者。有的干部持中庸佛系心理，工作方面放低要求、不争第一，甚或滥竽充数、装模作样，个人进步方面随大流，认为"熬上两三年，怎么也轮得到自己"。这样的认识和心态使得仅仅依靠正向激励并不能动员所有干部，效果不明显。

如前所述，形式主义、官僚主义，干部"不作为""不担当"等现象普遍存在，进一步暴露了以绩效考评为干部激励导向的机制困境，正向示范和鼓励少，如非得到高分或排名靠前，即便做得对、做得好，仍缺乏制度性的肯定和鼓励。

3. 干部督促机制的形式主义阻碍干部动员

一方面，当前的干部惩戒机制主要存在惩戒从轻、从慢、运动式等形式主义问题。受处分者不能依法依规接受处罚，往往因为人情因素选择从轻、从慢处罚，甚至会出现最终不了了之的情况。面对大量干部普遍存在的违法违规行为，往往又会陷入运动式的惩戒，一段时间严抓严打，过了风头之后问题又会再次出现。

另一方面，加大干部监督处罚工作力度，在实操中也凸显出以绩效考核为干部督促导向的乏力，问责多且一罚了之，干部在工作中一旦触动他人利益，便可能被恶意举报而惹得自己一身腥，这加剧了干部求平安、不求有功但求无过的心理。

此外，从中共中央办公厅发布的《关于进一步激励广大干部新时代新担当新作为的指导意见》到各地出台的配套文件，都提及不担当不作为要成为（巡视巡察工作）检查重点，对发现有问题的干部，该免职的免职，该调整的调整，该降职的降职。但是，具体的督促条例或者机制迟迟没有推出，笼统表态多，机制落实少。

总之，有效干部动员机制的不足，使得政府在干部动员方面面临长期的困境。

三 景宁"大赶考"探索破题

相较于上述干部动员机制有效性不足的普遍状况,在浙江景宁实施"大赶考"机制以来,当地干部改变了"不作为""不担当"等旧现象,改变了过去大多数干部四平八稳慢节奏的工作状态,工作的积极性、主动性普遍有所提高,从重点部门和乡镇(街道)到所有部门和乡镇(街道),从县级领导到部门乡镇(街道)负责人班子成员再到中层干部最后到所有工作人员,都加快了工作节奏。更重要的是,政治生态健康了,部门之间和部门与乡镇(街道)之间相互沟通、配合和促进的工作合力增强了,相互抱怨和掣肘减少了;只要努力工作、把工作做出亮点的干部,都有机会露脸亮相,得到大家的普遍认可,组织的肯定和大家的赞赏带来的政治荣誉感,让努力工作的干部成为真正的示范和榜样,激励着更多干部尤其是中青年干部,希望到能做事、做大事的艰苦岗位上。以往干部不愿在基层争相进机关、到领导身边工作的倾向,得到了根本性地扭转。

景宁"大赶考"的机制措施与现行绩效考核体系是并行的,与现行的激励机制、惩戒机制又是相融的,同时具备自身特色。景宁三年来的"大赶考"实践,是一个全方位的试点,检验出了这套机制的实际效果。景宁干部焕发的工作激情,景宁出现的干事创业的热烈氛围,预示着"大赶考"的机制措施,蕴含着激励干部的更合理思路,对于未来干部工作评价机制的改革,是一个值得参考的重要案例。

(一) 制度缘起

"大赶考"机制不是一蹴而就,从诞生之初到今天,是在大胆破题中创立，并在持续调适改进中不断发展，经历了一系列完善过程。

景宁是浙江省畲族的发祥地、华东地区唯一的少数民族自治县，过去经济发展相对落后，在丽水市下属各县区的排名一向靠后。习近平总书记主政浙江期间，对景宁的状况和发展非常关心和重视，曾两次深入景宁开展调研，几次就景宁工作做出重要批示。针对景宁当时的情况，习近平总书记曾要求"景宁要跟上时代步伐"；到中央工作后，习近平总书记又先后对景宁做出"三个走在前列""志不求易、事不避难"的重要批示，体现了总书记对畲族、对景宁的深厚感情和无限关怀，更是对景宁县委县政府一班人的殷切期望和重要嘱托。

尤其是"志不求易、事不避难"的指示，成为景宁"大赶考"精神的直接来源。2014年，在畲族自治县成立三十周年之际，习近平总书记曾指示中办复信，对景宁工作给予高度肯定并对今后工作做出重要指示，要求景宁"志不求易、事不避难"，抓住全面深化改革的机遇，开拓创新，奋发有为，在新的起点上谱写改革发展的绚丽新篇章。如何在具体实际工作中落实习近平总书记的嘱托，将政治口号转化为工作的具体做法和绩效，真正推动地区发展、改善畲乡人民生活？从总书记关注的起因入手。

在倾斜性扶持政策和大幅度财政转移支付之下，全国大部分中西部山区、民族地区存在一个共同现象，即很多干部存在显著的"等、靠、要""慵、懒、散"思想。在干部监督约束制度日渐趋紧后，又出现了少作为少犯错的思想倾向。景宁虽然地处全国发展前沿的浙江，但是作为少数民族自治县，长期得到省级支持，逐渐养成了心理依赖。凡事寄希望于上级支持，但各项支持到位后，很多工作依然被搁置。年终考核评估面对问题时，则强调自身在地域、民族等方面存在特殊性。本来就比别人落后，若仍保持慵懒状态和依赖心理，地区发展和干部工作必然会持续落在其他地区之后。因此，总书记在新春贺词等多个场合强调"志不求易、事不避难"，并将之作为勉励寄语景宁，是切中要害、富有针对性的。

"志不求易、事不避难"的勉励也暗含着对于景宁面临的形势和任务特点的清晰认识。一方面，景宁面临的外围形势和条件非常好，既有政通人和的良好外围环境，又有大量机遇涌动的发展条件。另一方面，景宁自身的发展基础还有待巩固提高，产业支撑不力、内生动力不强是目前发展提升的最大阶段性短板，身处全国发展前沿高地的浙江，发展压力比同类发展水平的其他地区更大，爬坡过坎，不进则退。因此，形势和任务特点，也决定了选择"志不求易、事不避难"的目标和做法，是让景宁从全面小康到基本现代化阶段迎头赶上、再创新高的必要条件。

为了以干得助、以干自强，围绕上述目标，景宁进一步思考制度落地问题。第一步，按照总书记提出的"三个走在前列"，景宁要以"赶考"的形式、状态落实和践行"志不求易、事不避难"。第二步，恰逢浙江省委第十次党代会提出要弘扬"红船精神"，其中一点就是开天辟地敢为人先的创新精神，景宁顺势思考"志不求易、事不避难"的"大赶考"要体现在创新、实干两个维度。第三步，思考操作办法。"志不求易、事不避难"需要衡量标准，"赶考"状态也需要衡量标准。县域范围，麻雀虽小，五脏俱全，县域工作面面俱到，如果按照西方公共管理的科学化、精细化的指标测量法衡量干部"大赶考"成绩，很难穷尽所有该测量的工作。最终，景宁县委县政府选择一条看似模糊化、实则能够让干部发挥更大自主空间的评测路径。

由此，景宁开始深入推进畲乡景宁"志不求易、事不避难"创新实干"大赶考"。用景宁的官方表述是，必须高举习近平新时代中

17

国特色社会主义思想伟大旗帜，坚持以党的十九大精神为指引，把"实干"作为主基调，把"创新"作为最强音，把"赶考"作为新状态，加快打造"民族风情特色园"，奋力建设美丽幸福新景宁，不断满足畲乡人民日益增长的美好生活需要。目的、手段、状态形成了统一。

（二）发展历程

2017年，遵照习近平总书记的嘱托，依循浙江省委省政府的战略部署，回应当地民众的发展诉求和干部懈怠等迫切问题，景宁开始推行"大赶考"机制。

如前所述，以往干部绩效考核"一盘棋"，很大程度上消解了其干部动员的作用。不少地区曾经一度设想通过序列分值或者权重区别达到差异化考评的目的。例如，某县尝试以一个乡镇订立一个考核制度的方式来实现差异化考评，但是最终导致考核办权力过度膨胀，乡镇工作陷入尴尬境地。对此，"大赶考"机制实施第一年，将该机制与原有综合考核机制做出"切割"。

第一，按照工作特点，将所有"赶考"单位划分为四个序列进行考评。四个序列分别是：乡镇（街道）序列，经济管理部门和垂直管理部门序列，社会管理部门以及党群部门序列。

第二，借助外部力量，对目标和行为进行评价。例如，引进更加广泛的"两代表一委员"、社会各界代表、县内单位、媒体和更加专业的系统内上级部门一起对目标和成效进行衡量，实现开放、客观的外部评价，事半功倍。

第三，用公开民主的方式，直接打分。形式上，一是公开陈述目标和结果。二是媒体公布，产生公开透明的效果。目标陈述机制是最大亮点。一方面，陈述前，促使干部主动思考谋划下一年度要做什么工作，规定工作之外还要有超额、有特色。另一方面，以公开陈述的心理效应催生目标践行的自我约束。以往，各个单位和每位干部的目标订立后没有陈述，只有少数人知道，外部监督是缺失的。目标公开陈述的要求则强化了陈述者的自尊心和荣誉感，现场当着县委县政府领导和众多评委及观摩单位陈述后，为了面子和荣誉主动"动"起来。

随着干部群体对于新制度的好奇心和新鲜感逐渐弱化，"赶考"结果运用的强化激发出干部更多的工作热情和责任感。

首先，形成政治进步方面的"激励+督促"。景宁县委专门出台《在"志不求易、事不避难"创新实干大赶考中全面考察识别干部的实施方案》，县委组织部全程参加"大赶考"阶段点评会、推进会、协调会等，了解干部表现情况、班子运行状况；透过"大赶考"日常监测、专项督查、季度分析等结果，全面考察干部的政治品德、担当精神、干事作风、破难能力、群众口碑；把"赶考成绩单"归入乡镇（街道）和部门主要负责人的"政绩档案"，并作为干部提任的重要依据，做到"凭实绩用干部"。通过"大赶考"，景宁县委大胆启用了一批表现突出的年轻干部，打破了干部成长的"隐形台阶"，2017年以来，该县先后提拔重用98名在"大赶考"中实绩突出的干部，有20名"80后"干部获得提拔，其中包括13名"85后"，5名提任正科；12名干部因"赶考"表现不佳被诫勉谈话或调离岗位。同时，出台《在创新实干大赶考中建立容错免责机制的实施办法（试行）》，解决干部怕失败、怕出错、怕担当等问题。

结果运用与选人用人挂钩，选人用人需要参考"大赶考"成绩，这一制度设计直接用政治进步去激励干部担当实干，很大程度上改变了以往必须和掌握人事实权的"一把手"搞好关系的政治生态潜规则。访谈显示，大部分干部都群情振奋，担当实干的主观意愿和能动性都大幅提升。景宁某个部门的"一把手"临近退休，提出希望低定目标，但是招致副局长和其他干部的一直反对，最终该单位的"赶考"目标通过自下而上的推动订立完成。

"大赶考"实施第二年，其机制仍然保持不断调适之中。"大赶考"与综合考核两者整合，但是"大赶考"分值权重占比较低，总分200分中仅有20分。

其次，"大赶考"成绩除了与政治进步和成就感捆绑以外，还要与"赶考"干部的奖金收入挂钩，形成经济方面的"激励+督促"。将干部"赶考"成绩与绩效工资挂钩，拉大差距，依据考评成绩奖优罚劣，对"赶考"成绩优秀、良好的单位，年终奖金分别上浮40%和20%；对"赶考"成绩靠后单位的领导干部进行谈话提醒。每个序列排名靠前的"赶考"单位，其一般中层干部的系数就高，年终收入也随绩效水涨船高。"一将无能，累死三军。""大赶考"机制的这一变化推动了单位上下互相激励。调研发现，一轮"赶考"周期以后，往往出现"大赶考"考核得分优秀单位的一般干部收入与低分单位"一把手"收入相当甚或更高的情况。

再次，2018年底，"大赶考"年终考评还开始在年终团拜会程序中增加了"大赶考"荣誉表彰仪式，形成荣誉方面的"激励+督促"。仪式上，年度"赶考"成绩第一名的职能部门或者乡镇（街道），其团队的全体班子成员被邀请参加走红毯。县委县政府领导班子集体列队鼓掌，少先队员迎接献花，相关媒体公开报道；其他单位的"一把手"默默围观，其他干部默默在家"吃瓜"。借助既正式又隆重的仪式感，让每年"志不求易、事不避难"的优秀"赶考"干部戴上众所周知的"光环"，既感动和鼓舞优秀者来年更加出类拔萃、真抓实干，也督促和激励后进者乃至更多的人努力奋进。

2019年，"大赶考"机制又发生了几个显著不同的变化。一是干部覆盖面达到了最大。全域全员"赶考",不同于重点领域、重点部门"赶考",不是孤军作战、孤胆英雄,是全县干部整体调动、集体作战。通过全员参与,留守儿童项目,小班化教学等"点"上项目才获得动力,并受到上级的肯定。二是"赶考"分值比重调整。2019年开始,"大赶考"分值在综合考核中的权重占比调整为,乡镇(街道)"赶考"分为总分200分中的40分,部门为60分。三是针对"赶考"目标过于短期的问题,允许"赶考"单位结合自身工作特点,订立三到五年的中期规划并分年度实施,一定程度上实现了短期目标和中期目标的统一,增强干部群体有意识预先开展工作规划的能力。四是"大赶考"评委的组成更加广泛。2019年开始,部门及乡镇(街道)之间相互打分,县处级领导、两代表一委员、村(社)干部代表、社会各界代表都被邀请参与现场打分,评委总数从往年的90多人增加到130人,较大程度体现出政府工作的公开透明和民众参与度,贯穿"人民是阅卷人"的执政思维。此外,针对"大赶考"机制给当地干部群体带来的较大压力,组织部牵头开展"干部关爱月"活动,通过心理疏导、文体活动等多元化方式,帮助党员干部心理减压。

"大赶考"机制用精神和物质力量相结合的方式全方位运用,促动景宁的党员干部争先赶超,担当实干;景宁县委倡导开放型信息反馈机制,倡导每年务虚会畅所欲言,听取参与"大赶考"的干部对于"大赶考"机制本身的感悟和意见,持续调适和完善"大赶考"机制。近三年,景宁当地整个政治生态发生了较大变化。土壤变肥沃了,就能发芽长作物;各个领域的干部都在主动谋划如何实干担当,相关领导再帮助提升工作要领,就能把干部队伍这一"富矿"真正开采出来。人尽其才,才尽其用,用得其所,推动各项工作蹄疾步稳,各领域治理效能不断提升。2019年任免干部,强调书记口头推荐、书面推荐结合。近年来，大部分提拔选用的干部都是来自"大赶考"优秀单位和优秀个人。"大赶考"成绩成为干部优先提拔、优先调动、优先考虑的重要依据。

（三）"四梁三石二柱"

作为一种干部动员机制，几年来景宁始终坚持把"大赶考"视同锻造过硬干部队伍的大赛场，始终贯穿"激励＋督促"的原则，逐步形成了它的"四梁三石二柱"。

第一，科学定标立志，"跳起来摘桃子"。各赶考单位围绕县委、县政府中心工作，分别设置"赶考"目标、实干担当、争先赶超、改革创新四个层面的工作目标。在总体"赶考"进位目标下，"实干担当"目标是"自选题"，由各单位围绕自身工作职能和年度重点任务确定；"争先赶超""改革创新"目标分别是"自选题"和"出彩题"，由各单位立足争创一流、自加压力确定。这集中体现了"大赶考"机制"跳起来摘桃子"的核心思想。设立工作目标要像跳起来刚好就能摘到桃子一样，跳一跳，努力一下应该够得着。它至少包含了两层含义：目标不能设低，但是也不能设高。目标设定太低，把日常明明应当做的工作都设成工作目标，不用跳起来，坐着、躺着就能摘到桃子，如果这样设定工作目标，对工作不但没有促进，反而会有危害。工作目标也不能设定太高，太高会脱离实际。为确保目标科学合理，"跳一跳能摘到"，实行两审制，联系和分管的县领导对"赶考"目标的全面性和难易度进行初审，"大赶考"领导小组围绕各目标的平衡性和精准度进行复审，各部门目标还要分别送省或市对口部门把关，经上级部门领导签字认可。

第二，公开决心许诺。每年年初召开目标陈述会，"赶考"单位被分成乡镇（街道）、党群部门、经济和垂直管理部门、社会管理部门四个序列以后,班子集体上台陈述。县四套班子领导、部分"两代表一委员"、村(社)干部代表和社会各界代表进行现场评议,综合打分情况得出完成目标任务的难度系数。同时,将"赶考"目标在报纸、电视、网站等进行公示,接受全社会监督。

第三,健全机制落实应考。一是强化跟踪管理,每月对各单位月度目标完成情况进行评估监测;每季度由责任县领导牵头通报点评,选取阶段性工作滞后的单位在县委常委(扩大)会上进行表态;每半年召开全县"大赶考"点评会,鼓励先进、鞭策后进。强化督促检查,由县人大、政协领导带队对"赶考"目标、重点工作、重大项目开展综合督导检查。2018年中,全县共督查发现相对滞后工作317项,下发任务交办单78份,全部限时完成整改。二是强化组团攻坚,对部分需多部门协同完成的"赶考"目标、重点工作中存在的难点,由"大赶考"领导小组专题分析研判,统筹研究解决。2017—2018年,全县共组建工作组11支,解决问题21个。三是强化氛围营造,利用微信公众号每日发布各单位"赶考"动态,编发"标杆之路"专刊,形成比学赶超氛围。

第四,述考结合以干定绩。将统一的综合考核纳入"大赶考"体系,通过实地考核、年终现场述评、综合评定,全面客观评价"赶考"实绩,力求考准考实,树立唯实唯干的工作导向。平时组织专门人员,对各单位"赶考"目标推进情况进行跟踪、督导、公示、点评。年末除少部分还需现场核实的考核项目外,大部分考核项目结合各单位日常情况进行考核评定。同时,县委召开成绩陈述会,各单位全体班子成员集体亮相陈述"赶考"成效,接受现场评议。

其中,"大赶考"机制有三块基石,两根支柱。三块基石分别是"自选动作""难度系数"和"结果运用",两根支柱分别是常态化的"监测机制"和"协调机制"。

三块基石是"大赶考"机制的生命力所在,缺一不可。"自选动作"打破绩效考评常态,由各个部门根据自身特色,结合大政方针提出目标,变被动完成上级指标为主动出击,激发干部和部门的工作积极性。"难度系数"是一把尺子,高难度的工作享有高额的分数,使得不同部门的不同工作能够在同一标准下开展比较。之前部门的绩效考评只顾自扫门前雪,现在不同部门也成了竞争对手。"结果运用"既包含奖励,也包含督促惩罚,这是凝聚人心的关键,制度是否有效,能否取得干部群众的信任,就看"结果运用"能否到位。

两根支柱是"大赶考"机制的活力所在。"监测机制"聚焦"赶考"目标,坚持日常反馈、动态跟踪和实地督查,同时定期开展目标评估,全面公开通报,在全县形成了"比学赶超"的工作氛围。"协调机制"则紧盯"赶考"中的问题和困难,采用联席会商的方法,共同分析原因,研究对策举措,充分整合了县内资源,增强了"大赶考"的工作效能。

总的来说,"大赶考"机制在初步推开的三年中,不断进行调整和完善,按照设定目标——推进目标——实现目标——全面评比的逻辑循环运转,取得了较为扎实理想的效果。

第二章 "大赶考"探索干部动员机制创新

景宁干部工作状态的变化，源于"大赶考"。"大赶考"，是党的干部工作宝贵经验和优良传统在新时代的又一次生动实践。"大赶考"整套机制的合理性得到了绝大多数干部的认可和赞同，其实际效果经受住了实践的检验。景宁干部焕发的工作激情，景宁出现的干事创业的热烈氛围，预示"大赶考"的机制措施蕴含着合理的干部动员思路。

"大赶考"机制何以成功地调动干部的积极性、主动性、创造性，取得如此好的效果？这一机制产生背后的原因是什么？其有效的运行结构和内在机理又是什么？在哪些方面破解了当前干部动员机制的困境？这些破解之策是否具有普遍意义？这值得我们深入分析探究并寻找其规律，以便对其他发展情况类似的地区提供思路借鉴和方法参考，也对干部管理和社会治理的理论与实践贡献智慧。总结"大赶考"机制成功的奥秘，有可能为景宁提供认清症结、优化机制、塑造干部可持续良好工作状态的思路启示和可能路径。

"大赶考"的具体机制是改进性创新，是对现行干部工作目标设定、管理、考核、评价、选拔机制的一次"转型升级"式的探索，在许多具体的措施、程序方面做了效能改进；"大赶考"机制在总体上是组合性创新，建立了干部工作目标设定、管理、考核、评价、选拔各环节的对应衔接，有效突破了原先在各环节之间存在的壁垒和错位问题。

一 工作目标设定上下结合

"大赶考"要求各单位的工作目标有难度，要能够体现"跳起来摘到桃子"，把"志不求易、事不避难"的精神落实到所有部门的具体工作中，"大赶考"成为名副其实的"大赶考"。如何让各单位都设定出可以完成的有难度的工作目标？"大赶考"创新对策思路：上下结合，共同制定工作目标。

（一）创新举措的设计

上下结合，共同制定工作目标，是"大赶考"机制的一项关键性创新。它改革了现有的工作任务指标设定模式，设计了一套工作目标生成程序和规则，基本方法是：从普通干部到县级主管领导，上下反复多次研究讨论，共同制定工作目标。通过研究分析国家省市的指导精神和工作要求、本地工作形势和本单位的条件等，由各单位在特定工作领域和重大任务范围内自选目标。各单位可以根据自身的条件和优势，选择通过努力可以完成的重点工作和优质工作目标，然后如前所述，按照一套客观标准和程序对是否属于"标杆工作"进行认定。通过这一流程，所有部门都找到适合本单位的工作目标，找到自己有信心完成的几项亮点和优质工作。

工作目标设定的具体工作流程是：各单位年初根据自身条件，酝酿提出自选目标，经县分管领导和联系领导初步审查，责任县领导审核，报省市相对应部门签字认可（乡镇和街道除外），由县

"大赶考"领导小组逐个听取各单位的自选目标陈述后予以确定。

这套确定工作目标的程序和规则的显著优点是，较好地实现了自下而上和自上而下、自选性和客观性有机结合，发挥了自选和客观认定两种方法各自的长处，让各单位的自选目标和上级部门的工作要求有机结合起来。

一方面，确定工作目标以各单位自选为基础，体现了对各单位干部主体性的充分尊重。利用他们了解本工作领域、本单位实际情况和更接近服务对象的优势，激发并汇聚基层干部的智慧。经过自选程序确定的工作目标，是"自己点菜自己做"，符合实际可行性的程度较高，有效地避免了官僚主义的瞎指挥和不切实际闭门造车式的定标准下任务。确定工作目标的过程就是干部们统一认识达成共识的过程，就是凝神聚力提振士气的过程。

另一方面，各单位的自选目标，不是漫无边际的"我想做什么就做什么"，或者"我能做什么就做什么"。"大赶考"给自选目标划定了范围、设置客观认定标准和程序，促使各单位把落实国家的大政方针、政策导向，把落实当前全县工作中的大事要事，作为优先考虑的工作目标，贯彻到各单位的具体工作中，这样，各单位集中力量攻坚的工作都是围绕中心、服务大局的，形成相互协作合力的工作局面。

（二）创新措施的机制分析

恰当的机制，产生良好的效应。"大赶考"的自选加认定的工作目标设定机制，为干部们提供了发挥主动性、创造性的空间，干部们不再盲目地"跟跑"，而是要去主动调查研究，主动思考分析，吃透上级精神和本地世情，提出自己的看法和工作思路。干部们主动选择的难题，不同于上级下达的任务和考核指标的要求，它们或者来自干部们多年的工作实践，或者来自干部们扎实细致的调研分析，并且是有破解思路、条件和措施的。在正确方向上的奋力奔跑，助推景宁干部自定标杆、自我加压，助推景宁出现一些上级政府部门未强制但符合当地民众需求的项目，实现了把中央大政方针与地方实际完美结合的新探索、新思路和新措施。

景宁县郑坑乡的"年猪"项目是在这个工作目标确定机制下探索成功的促进农民增收的一个范例。郑坑乡是一个位置偏远、交通不便的山区乡，畲族人口比例在全县最高，达到50%。畲族人口的外出就业比例很低，在乡农民的收入依赖传统种植业和养殖业，增收困难，畲族百姓的生活水平整体相对偏低。如何既实现乡村振兴、促进农民增收又做到不破坏生态环境，是当地发展的难点。面对连续不理想的"大赶考"成绩，2018年初，郑坑乡干部认识到成绩不理想的主要原因是工作目标"驾轻就熟、平淡无奇"，没有提出"让人眼前一亮又能做到"的工作目标。好主意、好办法来自对实际情况的准确把握。为此，乡领导班子下定决心，耐下心来，不在办公室里"拍脑袋"，深入村庄开展调研，在走访调研上下足功夫，反复与村干部和百姓谈心，准确掌握百姓的考量和意愿。调研之后，领导班子让每位乡干部都结合当地实际和国家政策，主动思考、献智献策，最终提出了推广绿色生态方式养殖"年猪"项目促进群众增收的工作目标。

乡政府提出的这个思路，很快得到了当地百姓的认可，越来越多的农户开始按照县畜牧局专家和乡干部共同设计的绿色生态方式养殖"年猪"。这个局面的形成来之不易。不可否认，部分畲族农民起初对于乡政府推广的农业项目并不热心。一是他们的抗风险能力低，传统农产品和种养殖技术很难帮助他们增收，并且物质条件和传统观念都制约着他们尝试新事物，认为"不要搞自己没有搞过的事"。二是现实的教训也告诉他们,乡政府推广的项目不可靠。2015年至2016年,乡政府曾经帮助农民与菜商达成种植大头菜的订单,但是到了收获季节,大头菜的市场价格大幅下降,菜商不要了,菜都烂在了地里。畲家有养猪的传统,但是因郑坑乡位于千峡湖的水源地,按照"五水共治"水源地环境整治项目的要求,2017年乡政府把全乡102头猪都杀了。农户虽然拿到了补偿费,但是对养猪项目也产生了顾虑。

面对养殖户的思想顾虑和实际困难,2018年,郑坑乡干部为推动"年猪"项目发展,采取了多种措施。

首先,打造示范户,让农户们看到实际效果,心里明白、认可,同时提供前期指导,让家庭困难农户也具备启动养殖项目的能力。

其次,郑坑乡政府在畜牧局专家的指导下,制定了现代化的养殖"年猪"规范。这既有利于保证"年猪"肉的品质,也不会造成环境污染,还降低了养殖风险,农户的前期投入很低,猪感染传染病的概率很低。现代化的养殖"年猪"规范,还改变了畲寨人畜混居的传统,猪栏与人居分离,猪圈安排在远离水源地的山上,村民居住环境和卫生水平改善了。村庄的面貌优化了,为旅游开发活动提供了基础条件,畲家梯田成为乡村风光景点,旅游又带动了郑坑乡稻米、土鸡、土鸭和"年猪"的销售。

再次,乡干部还负责多方拓宽"年猪"的销路。通过乡干部的大力宣传推介,畲家"年猪"的品质得到了城里人的青睐。畲家"年猪"肉价格越来越高,需要提前一年交订金预定,养殖户的后顾之忧也彻底消除了。

经过一年的推动,"年猪"成为"叫得响"的郑坑乡标志性产品,带动了郑坑乡其他农产品的生产销售和旅游业的发展。2018年,郑坑乡通过50万元的产业投入直接撬动340多万元的产值,间接带动生态稻米等各类种养殖业产值共计1350余万元，畲民人均增收达1万元以上。2018年底，应客户要求，郑坑乡举办了"年猪节"，指导农家乐学习烹饪"全猪宴"，让外地旅游者住下来，体验畲家过春节的文化。

多年来，郑坑乡的大多数农民没有能够通过外出就业创业增收，在提高生活水平方面落在了后面，"大赶考"帮助他们率先找到了既守住绿水青山又能增收富裕之策，在乡村振兴的新时代得以迎头赶上。

上下结合设定工作目标的措施，是中国共产党的群众路线在党政工作中的一种机制化探索创新。群众路线，是党的三大法宝之一，是克服行政科层体系"官僚主义"倾向的有效措施。但是，以往有效的群众路线的具体机制措施遇到了新问题，在很多情况下，没有得到有效的执行，甚至被视为无用的形式主义的措施。景宁的"大赶考"，以自选有工作难度的工作目标的方式，发挥了基层干部接近实际、了解实际的优势，鼓励和督促他们在党政年度工作链条的开端之处，在思考谋划工作时，更多了解实际情况、更多倾听群众的意见，真正"用好"国家政策，满足群众生产生活中的需求，让国家政策真正惠及更多群众。这一措施，体现并内化了群众路线，使群众路线得到有效执行。

二 公开机制强化责任意识

公开，是"大赶考"的一个鲜明而重要的基础性机制，公开性不仅提供了原初驱动力，也提供了持续约束力。

（一）创新举措的设计

"大赶考"的制度设计中有两项公开措施：一是全县四套班子的

所有部门（含部分垂直管理部门）和乡镇（街道）的班子成员，年初和年终分别在"大赶考"陈述会上做公开陈述，年初陈述工作目标，评委现场打出"难度系数分"；年终陈述工作业绩，评委现场打出"工作成效分"。二是"大赶考"建立工作进度报告平台，按月、季公布各部门工作的进展情况，所有评委团成员和所有参评单位的工作人员都使用这个平台了解工作进展信息。该平台既是信息发布平台，也发挥了督促工作、交流经验的作用，干部们看到其他部门的工作进度，了解其他部门的做法，就会加快本部门的工作进度，改善工作方法，克服"卡脖子"难题，形成比学赶超的工作氛围。

其中，"大赶考"公开陈述会的创新设计，改变了现行工作考核体系由上级主管部门和领导干部单一主体评价下级单位工作的做法，设计了别具匠心的会议规则，以惠而不费的方式，激发干部积极性、主动性，对于落实"大赶考"意图起到了重要作用，对于改进现行工作考核体系具有启示意义。

第一，由谁进行公开陈述？不是部门的"一把手"个人，而是领导班子集体亮相。年初的承诺和年底的汇报两次公开陈述会，所有县直部门（含部分垂直管理部门）和乡镇（街道）领导班子的成员要集体登台亮相。"一把手"做口头陈述，陈述内容须明确介绍各项工作的具体分管班子成员，体现见人见事。

这一规则的意图和政治导向是促进"互帮互谅、相得益彰"的班子成员关系，团结协作干事业，形成出业绩出人才的政治氛围，才能做出精彩的工作。"一把手"的作用是负责全面工作和带好班子，调动班子成员的积极性，指导他们开展工作、提高工作能力。"大赶考"鼓励"一把手"尊重班子成员的意见、作用和贡献，同时鼓励班子成员各尽其责，不鼓励"一把手"事事都亲力亲为，更反对"一把手"把所有成绩都揽在自己身上。班子成员全部公开亮相，各自负责工作的实际业绩都反映在陈述内容中，谁做出了亮点工作，一目了然，这种方式能够增强班子成员的责任心、压力感和对本部门工作的集体荣誉感，特别是那些做出了突出业绩的干部和中青年人才，通过这样的亮相，得到了更广泛的了解和认可。

第二，向谁公开陈述？"大赶考"成立了庞大的评委团，包括全县副处级以上领导干部和"两代表一委员"、村（社）干部代表、社会各界代表以及各单位代表。2019年，评委团从上一年的90余人扩增到130余人。人选每年调整一次。"大赶考"评委团组成的创新之处如下。

首先是广泛性和专业性兼备。评委都是本地的"内行"人士，工作经验丰富、工作能力强、关心本地发展。同时兼顾了领域、界别和层级的广泛性。"大赶考"评委人选的目标群体，是对于国家政治体系运行和方针政策等认知程度达到"内行"水平的人士，这一定位是适宜的。"大赶考"评委团的人选，没有要求较高的专业水平，专业性要求较高的话，评委人选的范围就会很窄，这就会重蹈"自己人评自己人"的陷阱，实质上也就不具备公开性；但是评委人选也须具备必要的政治知识、常识和见识，否则难以保障评价打分结果的质量。在职的副县级以上领导干部，是适宜人选。他们长期从事党政工作，一般经过多个岗位历练，是评委中的专家级内行人士，他们目前或者曾经分工负责几个领域的工作，站位高，了解本县工作全局和上级工作特点。"两代表一委员"、村（社）干部代表和社会各界代表，这五个群体是除在职领导干部之外县域内适合做评委的各界人士。一是他们因自身职责，与体制内机构有较多交往，有较多机会参与多种形式的政治活动，了解各部门和乡镇（街道）工作运转的制度规则、基础条件等情况；二是他们掌握的各方面信息较为全面，他们平时在群众中生活、工作，接触的各界群众较多，了解群众的诉求和真实看法，评委人选的选择还注意考虑地域和部门的平衡性，来自各乡镇（街道）的评委人数基本平衡；三是他们的分析和判断能力较强，"两代表一委员"本身就肩负民主监督、建言献策的责任，村（社）干部代表也是政治素质较好的群体，他们的政治水平较高、思考能力较强。社会各界代表平时参政议政的积极性较高，对政府工作关心支持，并具备一定的社会知名度。

其次是评委组成人员的动态调整。每年参加评委团的"两代表一委员"、村社干部代表和社会各界代表需要调整，不是固定的。动态调整，促进了评委的自我约束和荣誉感，年初陈述时担任评委的人士，在一年里需要留心了解观察各方面的工作，以准确鉴别各部门和乡镇（街道）工作的实际质量。

（二）创新举措的机制分析

评委的广泛性选择和动态调查，是两个非常重要的机制，在一个人口较少、地域相对封闭、"熟人社会"程度较高的县域内，能够在相当程度上降低"人情分"和"关系分"的因素。

除了上述创新，景宁的公开陈述会，有一个似乎"保守"的措施，那就是公开陈述会进行了全程录像，但是没有通过电视、网络等媒体向公众直播。

这个设计是经过慎重考虑的，是为服务于公开陈述会的主要任务：展示各部门的工作思路和业绩，总结工作中的不足，对各部门的全年工作进行较为客观准确的打分测评。全程录像无疑将这些功能以历史性资料的方式留存了下来，也为"大赶考"机制的不断改进完善提供了参照。同时，从目前的阶段考量，选择会议部分时段的直播是合乎时宜的。部分时段的直播既有助于提高"大赶考"陈述会的公开度和民众知晓率，又有助于给干部及其工作提供一个对外展示的平台，还有助于对干部适当加压，增强自我约束力和改进工作的动力。

针对景宁干部的调研访谈表明，公开陈述会产生了原初驱动力和持续约束力。景宁干部说，在他们心目中，全年工作的两场重头戏就是公开陈述会，各领导班子成员为此花了很多心思，精心准备。在公开陈述会上，干部们精神饱满、热情洋溢、态度坦诚，身着体现本部门、本地区特点的统一服装。陈述语言精练，工作形势分析准确深入，工作思路清晰明确，工作业绩亮点纷呈，配上精心制作的图文并茂、形象生动的幻灯片，展现出新时代景宁干部的良好面貌。

公开陈述，之所以有这样的作用，是因为公开展示工作目标和业绩，关系着干部的脸面和政治声誉、社会形象。政治声誉、社会形象，是干部群体最为看重的一个政治身份认同要素。

对比现有的年度工作考核机制，可以更清楚地看到公开陈述更好地利用和引导了干部的政治荣誉感，产生了较好的激励效果。

现有的干部考核方式，一是绩效考核方式，各部门向考核机构报送工作业绩材料，考核机构按照考核标准打分，从发布考核标准到最终环节公布得分，都是用数据和资料说话，"不见人不闻声"；二是民意测评方式，上一级组织干部携带专门的测评表格，组织一个部门的所有工作人员，给班子成员的年度工作表现匿名打分，并与该部门一定范围的干部单独谈话，有客观数据有主观评价，但是测评结果由上级部门掌握，只向被测评人反馈，一般不公布，这种方式被称为"背对背"。

现行工作考核制度之所以如此设计，也是考虑到干部重视"脸面和荣誉"的心理。从制度创新设计理念上看，以绩效考核为核心的工作评价机制，一个突出特点是少见面、低公开，强调客观性，减少当面当众评价，具体表现为计算可以量化的工作业绩；民意测评结果完全不公开，绩效考核结果只是对参评单位公开，一般也是采用小范围"不见面"公布的公开方式。这种低公开性的制度设计，是把干部的"脸面和荣誉"作为负面心理因素，基于保护干部自尊心和脸面的考虑，也是为避免因此激化矛盾而做出的柔化处理。这种考虑和处理，对于实现工作考核制度的主要意图是无妨的，绩效考核和民意测评主要目的是服务于上级部门掌握下级部门的工作，上级业务部门掌握下级业务部门的工作情况，上级组织部门掌握下级组织部门领导干部工作的综合情况。应当说，这些意图基本实现了。

现行干部激励制度的逻辑也是如此。由于高层激励机制向其他领域的变相扩展，只靠"荣誉"激励干部不灵了，因此，更多地探索如何利用物质激励和职务晋升激励因素。例如，我国非企业干部的薪酬制度没有完全采用目标绩效工资原则，但是绩效工资部分和年终奖金部分都采用了绩效挂钩方法。对干部的工作评价，也越来越倚重于绩效测评方法，绩效测评得分与干部职级晋升一定程度挂钩，强化了绩效评价对于干部激励的重要性。讲求实惠的措施，理念前提是把干部的"脸面和荣誉"视为负面或无效心理因素。

需要注意的是，现行干部考核制度和激励措施，对于干部工作积极性的驱动功效在走低，特别是近年来，考核体系不断更新和加码，指标越来越全面细致，执行处罚措施不打折扣，但是干部的形式主义、官僚主义、不作为、不担当等现象，却呈愈演愈烈之势，干部的"变应性"对策花样翻新，可见，现有手段已经捉襟见肘，进一步暴露了现有考核机制的缺陷和困境。

这一现象，提示景宁应该深入分析干部行为的动因，重新评估现行考核机制的逻辑思路。

观察干部对待现行考核制度及其结果的态度,可以看到,大多数干部工作的原动力,并不只是职务晋升一个动力,现行考核制度倚重的激励工具存在着一定程度的"错配"关系,这是现行考核制度功效走低的重要原因。

现行干部考核评价体系的激励工具,一是以奖金为主的物质奖励,二是职位晋升的可能,从干部的实际态度和行为表现看,这两个激励工具对于大多数干部包括部分领导干部来说,不是最重要的激励因素。绩效考核体系中的奖金工具,其利益驱动效果有限,不同考核等级对应的奖金和其他物质待遇差别,对于绝大多数干部的个人生活带来的实际影响不大。干部们之所以在意绩效考核得分,主要不是为了多得一些年终奖金,内心深处的动力还是出于自己作为干部的"脸面和荣誉"。同理,职务晋升的驱动效果也不应过高估计,尽管组织部门想了多种方法去细分职位台阶,也无法根本改变职务晋升机会不多这一基本事实,在大多数干部的大多数工作年份,职务晋升是一个遥远的因素,但是大多数干部在日常工作中仍然希望得到较好的考核评价结果,其动力也是"脸面和荣誉"。

景宁"大赶考"机制实施后干部工作状态的变化,包括其中公开陈述会的作用,提供了一个重要启示,那就是如何正确利用干部重视"脸面和荣誉"的心理。干部重视"脸面和荣誉"的心理,不应简单地视为是一种负面心理,这一心理是人的高级心理需求,应当正确利用和引导。公开陈述这项措施,正确地利用了干部重视"脸面和荣誉"的心理,正式的面对面地公开展示工作思路、目标和实绩,让应付差事、得过且过的想法不攻自破,让不畏困难、扎实工作的干部获得应有的评价,实现了"轻轻扬鞭自奋蹄"的效果。

三　评测工作难度主客观结合

"志不求易、事不避难"精神，要求干部在工作中不回避难题，迎难而上。贯彻这一导向，要有具体的机制载体，推动干部们主动投入时间和精力去克服工作中的难题，即经过考核机制的过滤，在"大赶考"的最终评价结果中，能够自然地体现"志不求易、事不避难"的导向，那些驾轻就熟、原地踏步的工作不能被评为较高等次，只有不怕困难、勇于挑战难题并且成功解决难题的干部，才能得到较好的评价等次，成为公开表彰和奖励的榜样，方为真正贯彻体现了"大赶考"的精神。经过这样的考核流程，才能真正发现和培养"关键时刻顶得住，扛得了重活，打得了硬仗，经得住磨难"[①]的好干部。

（一）创新举措的设计

为实现这一目标，"大赶考"创新了一个评价措施：确定工作的难度系数。

测评党政干部的工作难度，是现行干部绩效考核体系的短板甚至盲点。原因在于，不同工作的难度是具体多样的、不易标准化的，为此付出的工作努力也不便于客观描述并划分等级。

为破解这一难题，"大赶考"测评难度系数的方法，跳出了科学精细量化的思路，没有试图建立一套复杂的难度评价标准，而是采用了简便易行的方法，测量效果达到了良好预期，令干部们信服。从实践看，这一思路对于准确考察干部的工作努力程度是具有现实

---

① 习近平：《切实贯彻落实新时代党的组织路线　全党努力把党建设得更加坚强有力》，《人民日报》2018年7月5日第1版。

可行性的。

"大赶考"探索的思路是两个方向：一是自选有难度的工作目标并客观认定；二是开放性评价多元性的工作难度，以多元性的标准评价多元性工作。

第一，自选有难度的工作并客观认定的具体方法是：各单位年初确定本年度工作目标时，要设定具有一定难度的"赶考"目标、实干担当、争先赶超、改革创新四个层面的工作目标。这四个层面的工作目标，是"志不求易、事不避难"精神的具体化。

"赶考"目标指年度进位目标。各乡镇（街道）要明确提出本单位本年度在本序列中的争先进位目标；各部门要明确提出本单位本年度在本序列及在全市系统内的争先进位目标。其中，承担省市考核任务的部门还要提出所承担的考核指标在全省、全市的排名目标。

"实干担当"目标指"赶考""基础题"。县直部门实干担当目标主要围绕省市重要考核任务、县委县政府重点工作任务、自身主要工作职能制定，例如，"最多跑一次"改革、固定资产、招商引资、平安综治、从严治党等；乡镇（街道）实干担当目标主要围绕本区域经济社会发展重点工作、县委县政府重点任务制定[①]，例如，绿色发展、公共服务、社会治理、从严治党等领域和难点工作。

"争先赶超"目标即"赶考""自选题"，是各单位的特色亮点工作，由各单位立足争创一流，自加压力确定。

"改革创新"目标即"赶考""出彩题"，主要包括定标兵和做标杆两部分内容。定标兵就是在全省乃至全国范围内，选取同类或同系统一家以上先进单位，作为年度追赶对象；做标杆就是明确提

---

① 考虑到乡镇（街道）的"实干担当"目标具有共性，从 2018 年开始，"实干担当"目标由部门通过考核实施细则确定，不再单独申报。

出将某一方面工作打造成全市、全省乃至全国标杆,形成可复制可推广经验。优秀水平的判定方法有五种:省市领导予以批示肯定并就该项工作经验推广提出意见;市级以上主流媒体对该项工作典型经验、先进做法予以专题报道;获得国家、省、市级认可,作为经验全面推广;本年度列入省级以上改革试点并取得明显成效的;经县"大赶考"领导小组研究可认定为标杆的。通过客观标准认定自选目标是否是真正优秀水平的优质工作,防止出现"内行欺负外行"的虚报冒领行为,也防止最终评价结果的争议,解决了因各单位的工作专业性导致的外行人难以准确评价工作难度的问题。

为确保目标科学合理,"跳一跳能摘到桃",工作目标"难度"的客观认定方法,遵循了对各单位工作进行纵向的历史对比的原则,即以本领域的"标兵、标杆"性工作、各单位的自身资源条件、群众的需要等因素作为参照,测出工作目标的自我超越度,即本单位工作目标的"难度"。实行两审制,即乡镇的联系县领导、部门的分管县领导,对"赶考"目标的全面性和难易度进行初审;"大赶考"领导小组围绕各单位目标的平衡性和精准度进行复审,各部门目标还要分别送省或市对口部门把关,经上级部门领导签字认可。

第二,以开放性评价多元性的工作难度。具体方法是:各单位确定好工作目标后,年初公开向考核评委团做工作目标陈述,评委团对"争先赶超""改革创新"等层次的工作目标分别打出"难度分",再折合成难度系数,此系数不公开。在年终工作考核计算最终得分时,"创新争优"类工作目标的原始得分,要乘上难度系数,再与其他项目得分加总。这样,就实现了不同性质和业务内容的单位之间工作努力程度的横向比较。

由此可见,"难度系数"的测定流程,以客观认定为基础,再利用"内行"评委的丰富阅历经验,进行开放性评价。评委的评价完全是主观的、经验性的,"大赶考"给他们提出的要求是:就各单位提出的工作目标"是否符合'志不求易、事不避难'的核心要义、是否符合创新实干的核心要求、完成难度、标杆意义等因素,重点考虑争先赶超、改革创新目标,客观公正地评定难度系数分"。

(二) 创新举措的机制分析

主观性的评价之所以能够得出客观公允的结果,是有其内在缘由的。一方面,"大赶考"的评委们来自不同行业领域,来自不同社会群体,他们的评价角度是多元的,得出的评价结果势必呈现出多元性特点:争取大型投资项目、国家重点支持的项目、大幅增加财政收入等,是有难度的工作;淘汰污染企业、治理环境污染,保护青山绿水,也是有难度的工作;把民生服务做到百姓心里,同样是有难度的工作。来自不同行业和不同社会群体,能够让评委对于不同领域的工作难度给予不同视角的评价,从而使得"大赶考"的评判更加具有全面性和包容性。另一方面,评委们的主观评价有价值,因为他们是在本地长期工作生活和关心本地发展的"内行"人士,评委团集体打分制也使得他们在很大程度上屏蔽人情和利益的羁绊。如此,他们在评价时基本能够根据工作经验和社会反响,考虑评估各单位的工作难度,得出比较客观公允的评价结果。

开放性和多元性原则,避免了把工作难度狭义化,避免了工作评价标准的单一化,只要是当前地方发展和群众生产生活急需解决但还没有得到很好解决的问题,都是有一定工作难度的。这些问题之所以没有得到很好解决,表明它们超越了相关部门以常规的工作方式处理问题的能力范围。因此要解决它们,需要克服某些困难。有了宽阔的工作评价视野,才能缓解由"唯某某某论英雄"的考核模式造成的种种畸形行为,促使干部全面客观准确地分析自己面对的工作形势，更合理地设定自己的工作重点。

为什么测量工作难度对于干部评价是一个重要的因素？

从技术上看，难度产生区分度，有了区分度，指挥棒的指向才会明确。干部们对原有绩效考核体系的不满之一，就是它的优劣势固化问题。通过静态的、横向性的工作业绩比较，业绩较好的往往是工作条件优越的单位，在优越的条件下容易做出漂亮成绩。这些单位的干部并不必然就是付出努力较多、工作能力较强的干部，这些单位的干部得到提拔任用，不能让大家服气。

从政治上看，干部群体的政治特质，不只是照章办事的执行人，而是"越是艰险越向前"的开拓者。只有具备这样的政治特质，干部才能成为团结和引领群众前进的领导者。这样的干部群体，是我国革命成功的决定性因素，他们在群众中树立起了良好形象。至今，在我国的政治文化和社会心理中，干部的自我评价和群众对干部的期待，与干部的这一政治特质仍然具有一致性。这种社会心理预期，也是维护我国政治安全巨大而无形的社会资产。如何培养锻造这样的干部群体，中国共产党在革命时期形成了一些宝贵经验。改革开放以后的新时代，继续培养锻造和保持干部群体的这一政治特质，需要有适应新时期、新环境、新任务并体现这一特质要求的干部管理机制载体。评价工作难度，是检测也是培养干部政治特质的一个要素和抓手。如何科学化地把干部的工作难度，纳入甚至作为引领干部评价体系的因素，亟待探索。

"大赶考""难度系数"的创新举措，是一项立意较高的探索。它突破了现行工作绩效考核体系的盲点，即缺乏干部工作努力程度的比较。"大赶考"测评工作难度的方法是有效的，并且能以创新性思路在干部评价体系中体现出党政工作的特性。

现行工作考核评价系统，采用的是同一系统和领域内横向静态的对比方法，即比较不同主体的同一业务工作的当年表现，在此基础上综合，以比较不同主体的当年综合表现。静态的比较方法，考核结果受不同主体工作基础和客观条件差异性的影响较大，不能准确反映干部的工作努力程度，不能明察"勤懒和能拙"，也就不可能依据考核结果准确地奖勤罚懒、能上拙下。特别是在干部选任时，需要在考核结果的基础上再增加一些"模糊性"评价，这一做法有损于考核体系的激励作用。这一问题早已被发现并得到关注。有的考核机制采用了"进步奖"的措施，试图体现历史因素，纠正静态测量的缺点，但是进步奖是在完成计分排名基础上做出的调整，是一种外部调整，从实践看，对干部的激励作用仍然比较有限。

"大赶考"测定工作目标的难度，是测量各单位在自身原有工作基础和条件上的"起跳"高度，大大提高了测量干部努力程度的准确性，有助于找出真正的勤者和能者，让懒者和拙者服气。

实际效果验证了"难度系数"的价值。经过难度系数的调整，"大赶考"的得分排名，相比各单位原来的工作绩效考核的排名结果，发生了较大幅度的变化。那些以往在工作绩效考核排名中长期垫底的部门和乡镇（街道），那些以往在"二线部门"里默默无闻的干部，因为完成了难度较大的工作任务，"大赶考"的年终排名靠前，他们的工作业绩得到了普遍的肯定认可；以往长期排名领先的重点部门和乡镇（街道），有的因工作难度较低，排名降到了中等。

第一年"大赶考"的最终考核得分情况公布后，给景宁干部们带来了强烈冲击。出乎意料的考核得分结果，让干部们真正信服了，"大赶考"的考核结果确实反映出了干部们的工作努力程度，"大赶考"之后的干部调整，重用了那些工作扎实努力的干部，更让干部们心中的观望、犹疑和抵触情绪一扫而空，对"大赶考"的认同度提高了。干部们清醒地认识到：工作没有难度、没有挑战性、工作质量没有明显提升，就是没有做到"志不求易、事不避难"。

"大赶考"的鲜明导向，让干部们坚定了决心，主动瞄准工作中的难题和痛点，集中攻坚。迎战难题，激活了干部们的工作成就感。正因为工作任务有难度，如果自己能够成功地解决它们，自己的工作就更有价值、更有意义。"干有价值的工作、做让百姓满意的工作"这个价值取向本身，就会赋予干部正能量。

景宁县大地乡的"赶考"目标和考核结果，就是一个典型的实例。大地乡，位置偏远，交通不便，是海拔在800米以上的高山乡，有一些自然村至今不通公路，无法开车进村。大地乡的"空心化"程度很高，常年外出人口的比例达到95%，全乡只有400位常住人口，绝大多数是60岁以上的老年人，一些自然村仅有4—5户老人常住。

在"大赶考"实施的第一年，大地乡的领导班子积极领会"大赶考"的导向。他们认为，在大地乡的乡情下，如果把"赶考"工作目标确定为产业兴旺，那么发展模式基本只有一种选择，即利用和配合县里的一些农业政策，通过土地流转发展规模种植项目。但是，这是相对容易完成的工作，工作难度不高。虽然高山产品销路好，不愁卖，但是本地农民从中获得的收益不大，这样的工作根本达不到"大赶考"追标兵、当标杆的要求。

自己的标杆工作应该是什么？大地乡领导班子经过用心思考，认为要围绕群众的需求，从为人服务的角度思考工作、部署工作、开展工作，满足百姓生活的实际需求，就是符合百姓期盼的有意义的工作。该乡群众面临的最大需求就是留守老人的养老服务和外出就业人员的公共服务。这两个问题也是当前全国性的突出问题，没有形成较为成熟的解决措施。基于这一思考和认识，大地乡没有选择"随大流"，而是主动选择了看似"不讨巧"的工作作为自己的标杆目标，即"和美大地、安暖之乡"，工作重点是老人服务和外出人员服务。

这些工作说起来简单，但做起来艰苦，而且效果体现为百姓的感受和口碑，无法数量化，是看不见的"业绩"。大地乡组建了"暖心服务队"，由乡干部带领理发等服务业人员，每半个月全面看望一次偏远山村生活困难独居老人，送猪肉、鸡蛋、面条食品和生活用品，为老人们理发，帮助他们做插秧等重体力劳动，让留守老人感到安心温暖，他们外出的家人深受感动。为更好服务群众，大地乡政府设立了驻景联络服务站。由于山路难行，从景宁县城到大地乡的单程车程需要近2个小时，为了方便本乡外出人员办事，2名乡干部驻在景宁县城为本乡人员提供公共服务。另外，乡干部每周返回景宁县城，义务为本乡群众办事、购买物品。

大地乡干部们用心而艰苦的付出，得到了"大赶考"评委团的认可，大地乡在第一年考核中，获得了远超往年的得分排名。出乎他们意料的好成绩，让乡干部们受到了很大的鼓励，大家在平凡的工作中更踏实、更用心了。

大地乡政府的安暖服务工作，看似平凡、简单，实则坚持做下去是非常艰巨的任务，需要干部们体力上能吃苦耐劳、精神上耐得住平凡。在其他干部做大事，取得看得见、摸得着的耀眼业绩的时候，大地乡的干部默默"补位"，尽己所能，补上社会需要的缺口，减轻社会转型期出现的一时得不到制度性解决的社会矛盾的反噬效应。他们日复一日地做着琐碎的工作，坚持公义不徇私情，用情理法处理家长里短，只为让本乡百姓都心有慰藉和温暖。这样的工作，检验着干部们的奉献精神，没有足够的情怀，是顶不住来自多方面的刺激和诱惑的，这就是工作难度。

"大赶考"的实践表明，有不少干部，对于工作是有较高价值追求的,他们希望在自己的职业生涯中多做一些对百姓、对家乡发展有价值的事情,而不是首先计较个人付出与得到的回报是否相当。"大赶考"的机制之所以能够获得较好的实践效果,在于它尊重、重视并激发了干部思想中积极向上的正能量。"大赶考"的鲜明特点,在于它看待干部的理念,它珍惜干部对事业和人生价值的理想追求,重在为干部实现这一理想搭建平台。

毋庸讳言,拈轻怕重、避难就易、计较得失是人的正常心理,在干部群体中也存在这样的心理。但是,"大赶考"的设计思路,不是把干部视为当然的理性选择的"经济人"。

当前有一些观点是以"经济人"理念分析干部当中存在的问题,认为干部不过是从事特定职业的人,无利不起早,他们追求政绩不过是为了获得官位以及官位带来的资源。受这种理念影响,在干部管理制度方面,出现了一种倾向,在党政事业单位的许多工作领域,按照计件工资的原则处理干部的工作与待遇的关系。随着市场经济的发展,"经济人"理念,对于干部队伍有一定程度的影响,一些干部抱怨待遇低和"干多干少一个样"等问题,一些干部因为个人利益没有得到满足就"不作为、乱作为",但这恰恰是干部管理制度应该解决和抑制的问题,而不是给予默许和支持。党政工作的特殊性,决定了在干部管理方面不能实行"经济人"原则。这在财力上、技术上都是不可行的,在政治上则是完全错误和不可接受的。举一个简单的例子,如果实行"经济人"原则,像景宁这样发展相对落后的地方,干部们的待遇就应该远低于其他地区的干部,那么他们离开落后地区、少做事和做事差也就是完全合理的。按此逻辑,景宁等欠发达地区乃至落后地区就将陷入恶性循环,沦为发展的弃地。

如何发挥好干部管理制度的干部动员作用,着力需要探索的问题是:如何激发正能量,扶正祛邪,促使干部克服自我局限性,追求更高的价值，追求无私的成就感，从而形成推动社会发展和进步的磅礴力量。

四　全员参与增强团队内外协作

"大赶考"机制的干部覆盖面一直在不断扩大。到第三年即2019年"大赶考"实施之际，景宁县实现了100%干部参与。

（一）创新举措的设计

在景宁工作的全体干部按照各自岗位分别参加三级"大赶考"：所有部门和乡镇（街道）干部全部参加县级"大赶考"；各部门主要的部门内设和下属单位包括事业单位干部全部参加本系统和本乡镇（街道）组织的"大赶考"；所有行政村和社区干部参加所在乡镇（街道）主持的村社"大赶考"。

"大赶考"达到最大范围的覆盖面，是基于系统论认识：所有单位都是政治体系中的一个组成部分，既是相互配合也是相互制约的关系，它们在政治体系运行中承担着不同的功能，哪个零件出现了运转不灵，都会影响整个系统的运行效果。全域全员覆盖，促进每个单位都发挥自己的功能，让自己这个环节运转良好，各部分效率都提高，整个县的工作才能实现飞跃。

（二）创新举措的效应和机制分析

把"大赶考"机制贯彻到所有工作领域和所有层级干部，产生了"全面激活、整体提升"的效应。

一是单位和系统内部的政治生态好转。

"打硬仗"具有净化政治生态的辐射功能。年初提出的工作目标，是各单位"自己点的有难度的菜"，如果最终没有"做出来"，那么本单位的考核排名肯定就不理想。这不仅会让"一把手"在公开陈述时丢脸，领导班子可能因此被调整，本部门、本系统的全体干部的积极性也会受到影响。

鉴于此，为了确保工作任务顺利完成，各单位的工作目标在逐级分解落实到人的时候，一定要选人得当、责权资源配备适当，才能保证工作的完成质量。有了这样的工作部署考量，单位的内部关系就容易理顺了，上下左右的同事们各自担责，相互沟通和配合。挑重担的同志成为重点保护对象，原来没有工作动力的干部也有了压力和动力，单位里不再是少数人"忙得团团转"、其他人得过且过甚至无事生非。

"大赶考"的公开陈述要求亮明工作的具体责任人，这是对那些担负重任、踏实工作的能者的一种肯定和表彰，对这些干部具有很好的激励作用，对其他干部具有正向示范作用；工作氛围的改变，也把以往浮于表面、应付工作的干部带动了起来，实现"躺着的站起来，站着的跑起来，跑着的争第一"；干部一旦主动思考工作，"舞台会很大"。以前是推一下动一下，现在干部会自我反省工作进展情况。即便是有的干部没有改进自己的工作状态，他们也不好再做掣肘者；即便是做了掣肘的事情，也得不到姑息纵容。这样的局面，有助于一个部门和系统树立起干事创业的工作氛围和围绕中心工作团结协作的政治生态。

二是各单位之间相互理解和主动协作关系有所增强。

"大赶考"不仅让各单位内部发生了变化，还顺畅了各单位之间的协作关系。各单位完成自己的工作目标，基本都需要其他部门的协作。例如，在目标的确定过程中，需要相关部门之间沟通意向；在目标的执行过程中，需要相关部门之间的配合联动。以往"不必求人"的部门,"大赶考"后,为了完成具有创新性的工作任务,也需要争取其他部门的支持和配合了。

"大赶考"后,在加强协作方面发生明显改善的是县直部门。掌握着政策和资源的县直部门,对于下级单位以往是处在评判者的有利地位,多多少少有着优越感。相当多的县直部门的工作状态是等着其他单位上门来申请,或者召集专项工作汇报会,很少实地到访下级单位;有的坐在办公室里定方案,给其他单位压任务提要求,自己只负责检查和处罚;有的对待基层工作中的实际困难和群众诉求无动于衷,长期不研究、不表态、不处置,找各种理由推诿卸责。"大赶考"实施后,县直部门的工作也要由方方面面人士组成的评委团评价,而不仅是自己的上级评价;县直部门也需要下级单位配合,自己的工作目标才能完成好。在这种形势下,县直部门明显改变了工作态度和方法,主动加强与下级单位的沟通协作。领导干部们到乡镇(街道)和其他相关部门实地了解对方的需求和困难,积极查找、询问、研究相关法规政策和上级精神,有的还有针对性地出台相关政策和措施,以利于基层单位开展工作;有的开拓渠道,寻找更多的资源,协助其他单位完成工作目标。

财政局是县直部门工作作风转变的一个典型。财政局订立的"赶考"工作目标是财政绩效管理走在全省前列,2018年,财政局荣获了浙江省财政绩效奖最高等次。为保证财政资金执行率等财政绩效管理指标,2018年财政局干部不再"坐等"各单位报情况,他们全年开展了77次"大走访",具体指导各单位的财政资金使用。局班子成员跑遍了所有乡镇(街道),中层干部经常性到那些承担了重点项目的乡镇(街道)、县直部门和重点村的现场。往年,财政局的领导干部只可能到大乡镇(街道)和大项目现场,偶尔顺访偏远的小乡镇。

通过基层走访，财政干部了解到乡镇（街道）财政资金使用的实际情况，搞清楚牵制各个领域财政资金使用进度较慢的多种因素，探索改进了财政资金管理办法。他们的工作，得到了乡镇（街道）干部的高度赞赏。沙湾镇的"小城镇综合整治工程"，是丽水市第一个采用 EPC 方式建设的工程，在工程申报和建设期间得到了财政局的大力支持。财政局的中层干部一年到沙湾镇多达 40 余次，对于其中涉及的政策问题，他们知道的就当场答复，对于自己也不懂的政策，他们会在 2—3 天内答复。该项目完成后，浙江省财政厅到沙湾镇调研座谈时，沙湾镇党委书记由衷地感慨："以前财政局是牛，是牛哄哄的牛，现在财政局还是牛，是当牛做马的牛。"

三是干群关系显著好转。

景宁群众对调研组表示，他们不清楚县里搞了什么措施，但是明显感觉到近两年来景宁发生了很大变化，生活更便利、更舒适了，干部们对工作很负责任。一个地方的民众对党政干部的看法和态度的改善，是一个综合效应，需要各方措施的同向发力。单凭"单兵突进"和几个"大手笔"，投入成本不低，实际效果往往是波澜不惊并不理想。干部们认为自己的工作已经有很大成绩，几个"大手笔"对于推动地方发展具有重要意义，群众对于这些大举措、大项目也是认可的，但是如果群众在自己生活中的小事总是不如意，大项目再耀眼，也照亮不了飘着阴云的心情。这是干部自我工作评价与群众评价差距较大的一个原因。

现行干部考核评价体系，是以体制内自我评价为主，发现不了工作中的问题或者选择性视而不见。现行党政部门的工作考核评价结果，往往都很靓丽，包括排名靠后的单位，工作完成率和达标率也都很高，但是群众的看法可能与这个结果大相径庭。更值得深思的是，一些地方和部门的干部工作作风不良，社会影响恶劣，有的地方社会矛盾已经较为严重了，而工作考核结果却无法反映出来。

从实践看，"大赶考"做到了干部自我评价和群众评价的相对一致。"大赶考"，真正促使各个单位的干部在思考工作、开展工作时，围绕的核心目标是了解百姓的需要，关注百姓的实际感受，在各项工作内容和方法里蕴含进了人文关照和情怀，真正做到"把好事做好"，改变了以往简单地、以自我方便的方式完成某项工作任务。景宁县委政法委"域外网格"社会综合治理，是其中的一个典型，这项创新举措得到了浙江省委书记的批示肯定。

景宁的社会综合治理形势总体较好，以往这项工作考核在丽水市排名一般是5—6名。虽然排位不算靠后，但是考虑到景宁常住人口总数少、社会治安形势不复杂等因素，这个排名成绩也不算理想。"拖后腿"的一大因素就是外出人口的社会综合治理。景宁县情的基本特点是外出人口多，近40%的人口，约6.8万人，长期在县域外创业务工。景宁外出人口在输入地出现一些涉信访维稳的事件，虽然总量不大，但是往往长期得不到化解，反复发作且有激化的倾向。外出人口的治理问题，是景宁社会综合治理工作的一大难题。

"大赶考"于2017年启动实施半年后，景宁县委政法委推出了"域外网格"社会综合治理创新模式。2017年当年景宁社会综治工作在全市考核排名就进入了前三名，在全省的排名也有较大提高。这个成绩，让政法干部们自信心增强、干劲更足，干事氛围更好，干群、警群关系大为改善。2018年，景宁县委政法委继续完善"域外网格"治理模式，年终拿到了丽水市"平安指数"第一名，而且是丽水市唯一没有被"硬扣分"的县。

"域外网格"提高了景宁社会综合治理工作的主动性，摆脱了坐等"爆炸"信息的被动尴尬局面。建立"域外网格"后，当外出人口在外地遇到了较大困难和纠纷时，景宁干警在第一时间就可以知悉，然后联系景宁相关部门及时介入处理，把矛盾化解在萌芽状态。景宁干部主动"域外管辖"，对人口输入地的社会秩序是有力的支援，得到了当地政府的欢迎和配合。

"域外网格"最重要的成效在于人心。外出人口身在异乡，往往担心自己在异地他乡会受欺负，戒备防卫和怀疑等心理强，对各类利益矛盾较为敏感，容易反应过度。现在，景宁人遇到问题和困境时会"有娘家人及时赶来"，自己的正当权益有"家乡专业人士"帮助维护，对抗的心理和行为的激烈程度就大为降低了，这些外出人口的亲友们在家里也放心安心了。景宁干警的社会形象大为改善，在群众中的威信提升了，他们出面处理问题的效果也就提高了。

"域外网格"这一举措，在全国综治工作领域也堪称一大创新。景宁各单位工作改进的力度有大有小，但是方向是一致的，都把人民群众的实际感受作为自己"赶考"工作的首要因素，这就形成了合力，让人民群众处处感受到向好的变化，这才改变了人民群众久已形成甚至固化的对干部对政府的看法。例如，景宁县法院为了落实"新型法治理念"，杜绝机械办案、就案办案情形，组建了"畲乡法律服务小组""畲乡家事人民观调团""家事审判观调团"，将调解和强制执行相结合，破解家事案件执行难的问题。该举措受到浙江省高院及丽水市中院的关注和肯定。景宁县法院与全县21个乡镇（街道）和18个域外网格实行"点对点"运行，形成"一乡一域一法官"模式。2019年，提供法律咨询400余人次，接待来访群众50余人次，当场化解各类纠纷30余起。

五　常态监测注重帮扶指导

"大赶考"虽然名曰"考"，实际重点在于驱动"干"。在制度设计上，年初和年终的公开陈述和打分测评是重头戏，但"大赶考"并非两头重、中间轻的"扁担型"工作形态，"大赶考"的工作重心是日常工作，通过全程管控，助推所有单位都完成自己的"赶考"任务，"摘到桃子"。例如，2018年，全县各单位确定"赶考"目标共计1397个，完成率达到99.79%。

（一）创新举措的设计

"大赶考"提出"考精不考繁、考实不考虚"的原则，并且形成了落实这一原则的机制措施。"考精不考繁"主要体现为考核指标简洁明了，各单位确定的工作目标不要多，三大类目标中各有一项即可。现行的工作考核指标，日益纷繁复杂并且有继续增长的趋势。考核指标似乎面面俱到、应有尽有，但是有限基层治理资源和任务指标相互之间存在的矛盾性、冲突性，反而加剧了基层工作"碎片化"和形式主义。"考实不考虚"主要体现在对工作的全程管控推进和日常评价机制。现行的工作考核办法，基本上年初定指标"一压了之"和年终看材料"一考定全年"，难以把控工作进程质量及其最终成果，也难以促进各单位之间形成工作合力。

为抓好全程管控，"大赶考"建立了五项机制：推进机制、督导机制、协调机制、通报机制、干部识别关爱机制。

推进机制包括"大赶考"办公室每月通报各单位月度目标完成情况，每月形成重点工作监测专报，亮出进度、查找问题、分析短板、提出举措；每季度由责任县领导牵头召开本序列工作点评会，年底召开全县点评会，通过情况通报、交流发言、现场点评等形式常态化推进。阶段性工作滞后的单位在每季度县委常委（扩大）会上进行表态发言。

督导机制包括由县人大、县政协或县委抽调退居二级的老干部组成督导组带队，县人大代表和政协委员以及相关单位业务干部就各单位在"赶考"目标推进、重点工作完成等方面的短板和问题进行专项督导，对督导中发现的问题，下发任务交办单，分清部门责任，明确整改要求和完成时限，限时销号。

协调机制包括针对各单位需要多部门协调解决的问题，或者凭该单位自身能力无法克服的困难，县委县政府组建不同类型的工作组，明确牵头责任单位，商定工作方案和时间表，深入一线，提供组团式、专业化和联动式服务；建立联席会商制度，定期分析研判市对县下达的重点工作、重点督查事项、重大项目推进过程中存在的困难，共同研究对策，合力协调解决难题。

通报机制包括"大赶考"办公室每日编发微信红蓝榜，通报各单位的"赶考"动态信息；设立体现工作成效的"红榜"和体现辛苦指数的"蓝榜"；定期通报各单位信息上榜情况，年底编发"标杆之路"专刊，分期介绍亮点工作。

干部识别关爱机制包括全过程识别干部，考察识别领导班子和干部在日常工作、关键时段、重点项目中的综合表现，重点考察领导班子和干部在目标评估、完成情况、创新实干方面的成果；开展"谈心谈话""向组织说说心里话"，实现科级干部谈心谈话全覆盖。

（二）创新举措的机制分析

从上述机制可以看出，全程管控推进落实的一部分措施，是为了在日常工作中保持各单位干部们的压力，工作扎实推进不松懈；另外一部分措施则规定了县级领导干部的责任，即监督、协调、谋划、寻找资源，规定了县直部门协同支援一线攻坚的责任和办法，以求"全县上下赶考步伐同频共振，赶考进度同向推进，赶考目标同步实现"。

"大赶考"的全程管控推进机制，是对日常工作机制的重塑和规范。把容易松松垮垮掉链子的工作环节"拧紧"，以"共担共商"的方式破解因权责关系难以界定清晰而引起的推诿扯皮不担当现象，防止任务责任都被分解给下级、权力资源都被留在上级的情况。"好干部是选出来的，更是管出来的。"[①] 在这样的机制下，"干的永远干、不干的总是不干""有人当官、没人干活""催一下动一动，不催不动"等散漫懈怠工作作风，发生了根本性的扭转，各级干部对自己的工作进度能够做到心中有数、胸中有谱，不再是被动地"听喝儿"，应付上级的要求。工作中碰到问题，干部们按照工作流程和规则主动向上级汇报，讨论出方案后会各司其职地落实执行；上级领导干部不用再事无巨细地盯着工作进度，担心自己一句话没有问到，工作就可能出纰漏，可以把更多时间和精力用于思考、谋划全局工作。

将全程管控推进机制纳入日常评价措施，这既是推进工作的一个措施，也是年终考评成绩的组成部分和生成机制，大大减轻了年终考核的工作量。以往年终时刻，干部们为了考核日夜加班，甚至无暇顾及正常工作，"大赶考"彻底改变了年底扎堆儿检查、考核的做法。

考核的目的在于让干部更好地完成工作，而不仅仅是打分排名。全程管控推进，真正贯彻了这一制度的初衷。现行绩效考核办法之下，有的负责打分的干部从来没有到过被考核单位，不了解现场情况和工作过程，也解释不清某个项目为什么给这个单位加分或者扣分。这样的考核过程，对于改进工作是没有价值的。实施全程管控推进机制的目的，是及时发现各单位工作遇到的问题困难，并给予

---

① 习近平：《切实贯彻落实新时代党的组织路线　全党努力把党建设得更加坚强有力》，《人民日报》2018年7月5日第1版。

协助解决。

这项措施也有利于改善政治生态。以往年终考核时，基层干部们要找各考核责任单位做工作，希望他们对本单位的评分别太严格。现在，干部们只要做好平时的工作，把精力放在平时的工作上，年底时谁都不用找。"大赶考"的一部分考核结果是自然生成，一部分是评委团的主观评分。主观评分虽是在年终陈述会上打出来的，但是评委的评价主要来自平时了解到的各单位工作的情况，干部的当天陈述情况作为参考。不止一位村支书评委告诉调研组，有的单位"一把手""说的没有做得好"，有的是"说的比做得好"，"自己心里都有数"。

六 考核结果与选拔任用紧密匹配

干部选拔任用与干部评价结果之间，存在着紧密的关系。在设计周严的干部管理制度中，干部选拔任用与干部评价之间具有正向反馈的关系：干部评价结果是选拔任用的前提和必要基础，选拔任用的结果则强化干部评价标准的导向作用，选拔任用的实际效果为改进干部评价标准提供重要的参考。

在现实中，两者之间并不总是会有如此理想的关系，通常会存在着非对称关系。例如，干部选拔任用与干部评价结果之间，有可能是没有关联性的疏离状态，有的甚至存在背离和相互抵触的关系，即实际存在着两个指向不同的"指挥棒"。两个"指挥棒"，形式上曰双指向，实际上是以干部选拔任用的指向为重，这就弱化了干部评价标准和制度的导向作用；两者的差异性则体现在，评价高的干部得不到任用，就会引起干部的不满和质疑，这反过来也有损于干部选拔任用结果的威信。为改变这种状况，提高两者的同向性和关联性，则可能存在另一种错位关系：以干部选拔任用的需要随意裁剪干部评价标准。例如，为选拔任用的意向人选量身定制干部评价标准，以保证他们取得突出的能够"服众"的考核成绩；再如，把干部选拔任用的意向人选，放在那些在评价中容易得高分的部门或地方任职，为他们下一步提拔"打好基础"。这些"安装后门"的设计，不过是自欺欺人的政治技巧，并不能提高两个机制的信誉度，也有损于领导干部的政治形象，是政治生态中的"毒素"。干部评价机制只会被视为掩人耳目、堵人嘴巴的"摆设"。

（一）创新举措的设计

在"大赶考"的实施方案中，景宁县委只是简单地提出"把考评结果作为干部提拔使用的重要依据"。这个表态话不多，却是掷地有声。在"大赶考"启动实施的一年间，景宁县委提拔重用了98名在"大赶考"中实绩突出的干部，有12名干部因"赶考"表现不佳被诫勉谈话或者调离岗位，其中包括强势的县直部门和基础条件较好的重点乡镇的"一把手"，也被调整到其他岗位。

"对干部最大的激励是正确用人导向，用好一个人能激励一大片。"[①] 景宁县委在干部的任用和调整上的大动作，反映出景宁县委贯彻"大赶考"精神的坚决态度。鲜明的干部任用导向，像一声声响亮的鼓号音，鼓舞起干部的干劲。

"大赶考"实施一年后，景宁干部们完成了以往不敢想的工作业绩，真真切切地看到了景宁的巨大变化，他们从心底里更加信服"大赶考"机制。这一机制不仅能指导和督促干部工作能力上台阶，还是一个公平、公正、公开的"赛马"机制。景宁县委"选马"看的是"赛马"成绩，干部们相信只要自己努力工作，就会被组织看

[①] 习近平：《切实贯彻落实新时代党的组织路线　全党努力把党建设得更加坚强有力》，《人民日报》2018年7月5日第1版。

到，只要真干事、能干事、干成事，组织上是不会埋没人才的。

景宁县委按照"大赶考"的评价标准选拔任用干部，给干部选拔任用与干部评价两项工作装上了一个同向联动的传送带。实践表明，合则两利，干部选拔任用与干部评价的同向联动关系，共同推动景宁工作持续跃升，树立了"大赶考"和县委的选人用人工作的威信。"大赶考"得到了干部真心赞赏和拥护，景宁县委赢得了干部们的尊重和信任，景宁形成了风清气正积极向上的良好政治局面。

（二）创新举措的机制分析

按照干部评价标准选拔任用干部，对于领导干部和组织工作者来说，是一个常识性道理。但在现实中，这却是一件说起来容易、做起来不易的工作，否则就无法理解为何通常存在的是各种非对称关系。

困难源自何处？

一是难以隔绝的人情世故，这与中国的传统文化有关。干部不是生活在与世隔绝的环境中，干部首先具有"自然性""社会性"，然后才形成"政治性"。干部们生活在具体的社会文化条件下，生活上离不开亲朋好友，工作上离不开方方面面的领导、同事、下级，他们在工作中不可能完全屏蔽这些关系的牵扯和渗透，在人员流动越少、越封闭的熟人社会地区，传统社会的人情世故因素对于党政工作的渗透程度越高。要求党政工作完全隔绝人情世故，是不现实的。尤其在干部任用方面，使用自己熟悉的人、了解的人、信任的人，更有利于用其所长避其所短，也更有利于工作协作顺畅，是有积极作用的，因此这是政治规律。但是，如果把人情世故对党政干部的影响，视为理所当然、完全合理的正常现象，就走向了另一个极端。"为官择人者治，为人择官者乱"，为人择官势必走向拉帮结派团团伙伙，政治权力私用，政治生态恶化，政治的公正性和公信力丧失，政治体系的功能退化，终会导致社会混乱。

二是难以拒绝的上级建议，这与中国的政治架构有关。中国政治架构是中央集权的单一制国家，下级党组织和行政机关由上级任命并对上级负责。下级地方党委政府对应的上级，不仅仅是有干部任命权的上级党委。在实际架构中，上级的所有部门对下级地方党委政府都有或多或少的工作指导和监督权力。上级党委和方方面面的上级部门，对下级党委所管辖的干部的评价意见，在不同程度上都能够对这些干部的选拔任用产生影响。在这样的政治架构中，干部选拔任用方面的"隔级点将"这一非制度化做法愈演愈烈。干部任用的制度化做法，一般实行下管一级或下管二级的原则，一级党委负责下一级或下二级干部的考察、提拔、任用工作，有部分岗位的干部实行"双重管理"原则，即由同级党委和本系统上级党委协商确定。非制度化的做法是，有的干部获得高于具有干部任用权级别以上的党政领导干部的支持，以非制度化方式给掌握干部任用权的党政领导干部提出人选推荐建议。"隔级点将"的做法，没有制度依据，也没有有效的措施予以禁止，一个时期以来呈现愈演愈烈之势，甚至在一些地方、一些部门超过了制度化的做法。

"隔级点将"的做法，不能说毫无道理，有的也确实产生了积极作用，对下级党委的干部任用工作具有一定的制约作用。但是，这种做法之所以没有制度化，一是因为"隔级"距离远而看不准，对一位在日常工作中没有接触的干部，其了解认识和评价的质量出现偏差的可能性高；二是由于"隔级"干部工作质量的高低，与自己负责的工作无关，导致"点将"时的责任心和适配度往往不高。因此，干部工作考核体系的改革方向是加强和改善近距离考核，"建立日常考核、分类考核、近距离考核的知事识人体系，强化分类考核，近距离接触干部,使选出来的干部组织放心、群众满意、干部服气"①。

在干部任用时,排除各类非制度性因素,行之不易。在干部选拔任用时,如果考虑这些因素,有可能会得出与干部评价标准不一致的结果;如果不考虑这些因素,又可能得罪人。

景宁县委能够做到按照干部评价标准选拔任用干部,是有担当的,需要顶住各种场外干扰因素。例如,景宁作为民族自治地区,传统的社会风俗文化和人情世故对干部的影响较重。在熟人社会,有利的一方面是倾向于互相帮忙,而不是互相拆台;不利的一方面是做事要留余地,即便有理也要给三分面子。在干部任用方面,受人情因素影响,对于干部既要看能力素质,也要看社会关系背景,这就给"能者上"造成一些障碍;只要干部没有出现大的工作错误,没有接近退休年龄,干部的岗位调整就只能更好更重要而不能到更弱势的岗位。省市各部门的领导干部,在关照景宁发展的同时,也会向景宁县委推荐干部人选。

景宁县委表现出了良好的政治素质和境界,他们坚定地按照"大赶考"标准选人用人,无论有什么社会关系的干部,都要先看他们在"大赶考"中的表现。他们在干部选用时做到了两个"一定":在"大赶考"中表现突出的干部,一定提拔重用;在"大赶考"中表现落后跟不上的干部,及时进行诫勉谈话,并做工作改进表态,在各序列综合排名末位单位的领导干部,以及对重点工作和主要指标进度缓慢负有领导责任的干部,一定调整到工作和责任相对简单的岗位上。

景宁县委的上述做法,没有给上下级干部留面子,也没有给自

---

① 习近平:《切实贯彻落实新时代党的组织路线 全党努力把党建设得更加坚强有力》,《人民日报》2018年7月5日第1版。

己留后路，但是他们为景宁留下了发展动力。用人以公，方得贤才。景宁县委以自己的正气，为景宁谋发展的拳拳公心，感染了景宁本地干部，赢得了他们的尊敬，也得到了省市领导干部的肯定。景宁的政治生态日益风清气正，这是"大赶考"最有价值的成果。

第三章 "大赶考"全面改善基层治理

"治理"的概念由来已久,自古以来中国的许多著作中都含有"治理"或与之相近的词语。在西方,"治理"的概念、方法被学术界深入研究则是最近数十年的事。英国的罗伯特·罗茨在其《新的治理》中指出,治理的概念十分丰富,他列举了六种,其中三种比较有代表性:首先,治理指国家尽可能削减开支,并在此基础上完成本职工作;其次,治理是指在整个社会体系中,政府与其他社会主体展开充分的互动合作;最后,治理指的是一种自组织网络,主要是建立在互信互利的基础上、能够良好运转的社会网络。①詹姆斯·罗西瑙从国际视野出发理解政府的概念,在《没有政府的治理》一书中提出,政府管理活动之外的领域,就是治理的领域,治理可以有效扩充政府管理的形式。虽然西方关于治理的概念繁多,但有一些公认的特征,例如,是一套非正式的机制,囊括多种主体,以协调为主要手段。②中国学者俞可平在《治理与善治》一书中没有对治理进行明确的定义,仅仅指出国家治理的目标是通过促进社会发展来达到善治。③丁志刚在《如何理解国家治理与国家治理体系》

---

① [英]罗伯特·罗茨:《新的治理》,木易编译,《马克思主义与现实》1999年第5期。
② [美]詹姆斯·罗西瑙:《没有政府的治理》,张胜军、刘小林等译,江西人民出版社2001年版。
③ 俞可平:《治理与善治》,社会科学文献出版社2000年版。

中提出国家治理的特点应当是通过法律手段来维持社会的良性运转以及社会人员的和谐活动。[①]

中外学者对于治理定义的不同可以反映出，目前尚未有一套治理理论能够完全适合中国的治理实践，对于治理的内涵、外延都需要进一步做出中国特色的解读。在中国场域下，干部是联系民众的枢纽，是推动落实中央政策的关键。结合景宁的地域人文特点和发展阶段，干部队伍是当地治理的主要主体。结合治理主体特点，找准改革突破口，让基层治理效能全面提升。

一 "大赶考"聚焦基层治理主体

干部在基层治理的政策引领和主体协调等方面发挥着主导性的作用。对于中国不少政策资源和人才吸引不足的欠发达地区而言，干部群体作为治理主体的重要性更加突出。

（一）干部在基层治理中的主导性

虽然各个地区社会发展水平不同，基层治理实践也存在一定差异，但是治理主体的差异性并不太大。总体而言，治理主体主要包括政府、企业、社会组织以及公民个体等，各个地区都会依据自身的实际情况来确定参与治理的主体。在当前中国场域下，不论如何改变，政府都是其中的重要一维，对基层治理起着主导性的作用。因此，在基层治理中，干部群体也就自然而然成为主导性群体，其对基层治理的影响主要体现在两个方面。

第一，干部是联系群众的枢纽。群众平时接触最多的就是基层

---

① 丁志刚：《如何理解国家治理与国家治理体系》，《学术界》2014年第2期。

干部，所以基层干部代表了党委和政府的形象。如果基层干部能够以身作则，执政为民，那么党委和政府也就能取得人民群众的信任，将人民群众紧紧地团结起来，在各项事务中容易取得良好的治理成效。如果基层干部脱离了群众，那么党委和政府也就会变成无根的浮萍，政府治理也就无从谈起。

第二，干部是落实政策的关键。中央和省、市各级政府的政策，不论多么好，其贯彻落实最终都要经过基层干部之手。因此，基层干部对于上级政策的理解，对于如何落实这些政策的思路，都至关重要。"上面千条线，下面一根针"，所有的压力都集中到基层，如果基层干部不会穿针引线，那么基层治理也就无法开展。

（二）干部与其他治理主体的关系

干部在基层治理中具有主导性，但也不能否认其他主体所发挥的积极作用。在基层治理中，能动员的主体越多也就意味着能动用的资源越多。应当在发挥干部主导性作用的同时，尽可能地发挥其他主体的潜力，形成"以干部为核心，紧密团结其他主体"的治理格局。在这样的格局之下，干部与其他组织化治理主体主要有三种关系。

首先，监督与被监督的关系。干部作为党委和政府的代表，必然要依法、依规行使党委和政府的职能。在一些特定的行业和领域，干部应当发挥监督的作用，使企业和其他社会组织在法律允许的范围之内活动，使其尽可能发挥积极作用而非造成消极影响。

其次，服务与被服务的关系。为了使其他主体能够良好地运转，干部也应当主动为他们提供服务，使其能够适应本地的社会环境，符合最新的政策规范；同时也要帮助他们解决发展中遇到的问题，做到为民分忧。

再次，共同合作的关系。在一些治理领域中，例如环保、治安等，仅仅靠干部的作用还不能达到最优效果，这就需要干部与其他治理主体合作，借助其他主体的技术优势、资金优势等来实现治理效果的最优化。

（三）景宁的治理主体现状

结合马克思主义关于生产力第一要素的理论分析，干部队伍、市场主体、公职人员、各类创新人才等都应当在治理主体其列。治理主体是一个地区持续发展的内生发动机和实干主力军。那么，如何寻找景宁当地的主要治理主体，并依靠其推进景宁的发展呢？[①]

一个基本判断是，景宁开展社会治理可依靠的主体相当有限。景宁地处浙西南山区，对外交通相对不便，农业经济为主，规模工业较少，多劳动密集型经济，发展基础比较薄弱。2017年，景宁县登记注册的企业有1143家，规模以上私营企业从业人员8805人；2018年，景宁县登记注册的企业有1785家，规模以上私营企业从业人员9901人；2019年，景宁县登记注册的企业有2728家。可见，当地企业总体数量有限，尽管逐年增加，体量依然不大，而且规模基本有限，在企职工人数相应受到限制。工业少在以往是一个不足，但从长远看，农业、环境、文化将成为景宁发展的重要法宝。

受到工业园区、产业发展比较滞后的影响，县域内工业项目较难在招商引资方面有重大突破，创新型、高层次人才比较难于引进。2017—2019年，引进副高职称技能人才1人、研究生15人、博士4

[①] 本部分相关数据由景宁县赶考办于2019年10月搜集提供。

人、市级"绿谷精英"[①]创业创新人才3名。其中，2017年，通过丽水市"绿谷精英"项目引进人才1名；2018年，有11家企业引进42位专家；2019年，通过丽水市"绿谷精英"项目引进人才2名，另有15家企业引进了34位专家。此外，硕士人才方面，平均每年引进5名；博士人才方面，2017年引进1名，2019年引进3名。

与经济基础相适应，当地社会组织的发展程度和影响力也较低。2017—2019年，非营利组织和人民团体分别为166个、188个和193个。凭借这样的发展体量及其影响力，承担社会治理的主要任务还面临较大困难。这种情况是正常的。学术界曾存在很大一股风潮，一味照搬推行西式自治概念，把国家与社会对立起来。这种自治是由西方国家特殊的历史、传统、宗教等原因造成的，可能适用于西方国家场域，但不能照搬照抄到其他非西方文化的环境。中国历史场域下的社会自治很多时候是与国家治理体系融合在一起的，而当前中国国家治理的主力、主体则是党委和政府领导下的干部队伍。那种把其他群体放到治理主要层次而忽略相关制度文化发展环境的理论和实践，在不少重大危机处理中造成很大损害，在关键时刻碰得头破血流。这是值得人们反思和警惕的。

相形之下，景宁县有党员1.2万人，遍布县、乡镇（街道）和村社各个层级和领域。党政干部总计约5086人，其中具有公务员编制的有1292人、具有事业编制的有3794人（内含参公人员372

[①] "绿谷精英"是浙江省丽水市用于引进创业创新类人才的一个专项项目。"绿谷精英"创业创新类人才申报条件包括：申报人年龄一般不超过55周岁（1963年12月13日以后出生），引进后每年在丽水市工作时间不少于9个月。对特别优秀或者紧缺急需的人才，经市专项办批准，在年龄、学历、职务（职称）三项条件上可适当放宽，但破格不得超过一项。除有重大创新突破外，累计申报不超过2次。另有自2013年成立的"助力畲乡人才工作室"，已经柔性引进1名国家"千人计划"人才，76名研究生、博士生、副高职称以上高层次人才。

人）。其中，2017—2019年，招录公务员205人，事业人员403名。两者相较，党员干部是一支有规模、有实力、有潜力的治理队伍。在这一实际情况下，基层治理的重担，首当其冲落到政府和党组织的肩上，落到广大党政干部的肩上，是一种必然和合理的选择。

从"大赶考"机制的实施初衷和后期的实施效果考量，基于景宁实际，从干部群体这一治理主体入手启动改革，是现实和智慧的；在动员干部队伍之后，也注意通过干部队伍带动企业、社会组织等其他治理主体，带动更多能够为景宁发展带来活力的人才队伍。例如，在"大赶考"机制成功动员起大批干部的第三年，景宁干部在深入企业开展"三服务"的过程中发现了当地企业招引人才困难的问题，主动谋划思考，适时推出招才引智攻坚战、对接"长三角"引才行动、"助力畲乡人才工作室"申报、企业人才集合年金设立、院士工作站引进等多种方法，多渠道、多角度为当地企业提供人才的资金补助和引进人才的智力支持，并加强人才公共服务。

二 "大赶考"全面提高干部基层治理能力

中国共产党在长期革命斗争的实践中，总结了成功的三大法宝——党的建设、武装斗争和统一战线。尤其是党的建设，在社会主义建设时期依然是指导现实工作的法宝。党的建设的关键是政治建设和队伍建设，有了过硬的基层干部队伍，基层治理能力就会得到发展和提高。景宁"大赶考"正是按照党的原则，大大激发了干部队伍干事业的积极性，不断提高干部队伍的治理能力。

（一）基层治理能力的解读

欲探究"大赶考"如何全面提高干部的基层治理能力，首先需要对"基层治理能力"有一个深入浅出的认识。从历史背景、内涵外延、结构性主体、考评方式和创新源泉等内容入手，不失为解读基层治理能力的一条路径。

2013年11月，党的十八届三中全会首次提出了"国家治理能力"的概念。这种能力主要就是治理者的思想、素质和方法，也就是治理者动用社会资源、解决社会问题的能力。具体到现实层面，"国家治理能力的现代化"，即要求各层级干部必须不断优化自己的工作思路、创新工作方法，紧跟时代步伐，紧密联系群众；同时坚持以党和政府重大政策为导向，以人民群众的根本利益为目标，在自身发挥主导性作用的基础上，激发各方的积极性、参与性，充分动员社会资源，获得实现治理的改善。

国家治理能力的内涵丰富，基层干部的治理能力是其中的重要内容，这与中国基层治理实际紧密相关。

第一，干部的基层治理能力在国家治理体系中居重要地位。

在我国，基层通常指的是最低一级的行政区域内的国家政权和社会底层，覆盖了我国广大的农村和城镇地区。因此，基层治理也是我国覆盖范围最广、情况最复杂的治理领域，但同时也是我国最重要的治理领域之一。基层政府是我国政府系统的基础，是直接接触人民群众的行政组织，基层政府是否有执行力，关系到中央许多重大政策；基层社会也是我国社会中覆盖最广泛的社会系统，包含了全体城乡居民，基层治理是否有效，关系到我国底层广大人民群众的幸福生活能否实现。可见，干部的基层治理能力是整个国家治理能力最直观的展现。

第二，基层治理的问题特性和主体特点决定其有赖于干部的治理能力。

从问题特性考量，基层治理所面临的问题是复杂的。这首先体现在不同地区的基层所面临的问题具有重大的差别,在发达地区和欠发达的区域,各种社会问题会呈现出不同的形态。其次体现在一个基层区域内涵盖了城市和农村地区,这就使得原本复杂的社会问题进一步分化。在一些乡村地区,自然环境条件优越,但有时信息相对闭塞,交通不便,经济发展相对缓慢;在一些城市地区,城市盲目扩张带来的所谓快速发展的同时,政府的服务能力、公共管理水平却提升缓慢,导致就业、就学、就医、交通等民生领域存在突出问题。中央等上级领导所出台的政策往往都是宏观的,而如何将宏观政策同本地实际相结合,如何完全实现甚至事半功倍地实现上级政策的意图,就必须依靠基层干部的治理能力了。

从主体特点考量,基层治理必须重视基层治理中参与主体的结构性问题。我国地域广大,地区经济发展的差别也大,由此导致不同地区先天性的潜在治理主体差别也大。但不论何种情况,在中国基层治理结构中,明确政府在基层治理中的地位,有助于推动其他治理主体和手段有效融合,促进基层治理合作互动机制的形成。干部是政府治理的主要行为人,干部治理能力的高低决定了其在基层治理中能否发挥好主导性角色,能否充分激发其他治理主体的积极性和参与性。如果干部的治理能力不高,那么也就无法团结其他的主体开展好基层治理工作。

第三,基层干部在治理实践中获得的真知是机制创新的重要来源。换言之,基层干部的治理能力和创新能力是国家治理能力提升的源泉。国家治理能力要提高,首先需要顶层设计;其次需要基层创新,而基层创新就必须依靠基层干部从实践中挖掘新的工作方法。只要基层干部能在面对各种问题时不断提出新的思路、新的工作方法,他们的治理能力就必然得到提高,从而提高国家治理能力和基层治理成效。早在70多年前,毛泽东同志就曾经告诫说:"我们队伍里有一种恐慌，不是经济恐慌，也不是政治恐慌，而是本领恐慌。"今天，面对世情、国情、社情、党情的深刻变化，透视社会治理现代化的领导力背后，各级领导干部不仅要有敢于担当的精神与责任，还要有成事的真本领。

因此，基层治理体系应当转向对实绩和能力的考核而非对数据的考核。当前的政府绩效考评体系过分注重表格、数据，只看分数而忽视了实际工作效果，这就导致一些工作陷入为了数据而工作的困境。诚然，不论是能力还是政绩的考核都需要通过一定的形式表现出来，但不能因此陷入唯数据论。流行多年的以数据为主的绩效考核本质上是受资本主义精神影响的产物。资本家需要把一个个活生生的人都转化为一个个枯燥的数据，来实现资本利益的最大化，这不利于调动和发挥人的积极性，只会造成被动工作、疲于应付、做一天和尚撞一天钟的现象，只会把自己从事的事业当作一项养家糊口的工作，而不是一项重要的事业来做。考核需要一定的数据，但不等同于唯数据论，应当构建起多样化、但非复杂化的考核体系，把充分反映民众的利益诉求和政治诉愿放在考核的核心位置。同时，要使考核的过程结果对广大人民群众公开，让人民群众来监督考核结果。如此，才会使干部的治理能力真正为人民服务，让干部和人民群众形成良性互动，提升基层治理的成效，增强国家治理能力。

（二）基层治理能力的提升

结合前述对于基层治理能力的解读，干部的基层治理能力的本质就是将党和政府的政策落到实处的能力，就是为人民群众谋幸福的能力，这两件事归根结底也就是同一件事。想要做好这件事，基层干部就必须从接触一个政策开始，然后到执行、实现这项政策，最后到总结反思结束，扎扎实实提高每一个过程所包含的不同能力。"大赶考"机制的实施，从找准动员主体入手，通过动员一个治理主体，带动周边其他治理主体的能力提升，从而全面提升全域治理效能。这种激发主动谋划、积极参与治理的方式，必然涌现出大量的工作亮点。

1. 谋划能力

谋划能力实则创新思维的能力，至少包括三个方面：一是解释理解的能力，即充分理解上级的政策指示并传达给基层的能力；二是政策转化能力，即提出工作思路，实现政策预期效果的能力；三是统筹创新的能力，即能够采用新思路解决旧问题的能力。

"大赶考"动员之下，当地干部的谋划能力得到了较为显著的提升。"两山理论"从形成到完善经历了数年时间，而将理论转化为实践也需要一个过程。"大赶考"之前，景宁的党员干部面对本地丰富的自然资源并未提出有效的利用策略，对于如何将本地的绿水青山转化为"金山银山"没有一个清晰的思路。"大赶考"之后，一直以来的习惯性"等、靠、要"思维无法再适应"规定动作"加"自选动作"的攻坚克难考评方式。究竟该怎么理解政策，并切实转化为工作思路？景宁的党员干部沉下心，走访调研、摸排数据、专题研讨，更为认真细致地了解、掌握本地农业和生态特征，根据本地的自然资源特性，以农业、旅游业作为切入口，提出了"景宁600"和全域旅游两个项目、两条路径。

600米海拔高度是影响农产品品质的一条自然地理分界线，也是一条独具畲乡特色的人文地理分界线，还是一条县域内部差异明显的经济地理分界线，海拔600米以上山区"空心化"问题最为显著。在"丽水山耕"这一全国首个地级市农产品区域公共品牌的启发之下，结合上述本地特点，景宁干部尤其是农口干部们提出"景宁600"概念并持续推进"景宁600"区域公共品牌建设。"景宁600"就是依托本地丰富的山地资源,有效利用景宁海拔600米以上的地形发展农业,种植、养殖适宜在这个海拔水平生长的动植物,打造一批具有景宁特色的农产品,向周边地区乃至全国输出。目前,通过"赶考"持续推进,"景宁600"产业飞速发展,品牌声名鹊起,构建起以"景宁600"为引领的现代精品生态农业体系。农民实现大幅增收,2019年,全县农村居民人均可支配收入达到20005元,同比增长10.1%。

生态优势和民族优势一直是景宁两大突出特色,但是所谓的优势没有直接给景宁人民带来生产生活水平的改善。"大赶考"下的景宁干部开始反思以往的发展方式,考虑如何整合两大优势,进而提出了全域景区化、打造民族风情特色园的思路。

全域旅游就是将景宁全县作为一个旅游区域来进行开发。"大赶考"以来,立足景宁实际,提出把旅游业打造成第一战略支柱性产业的定位,旅游部门主要负责人带头上山下乡摸清家底,盘点全县旅游资源;针对景宁缺乏核心龙头景区的发展短板,"以跳起来摘桃子"的决心,转变原有的招商思路,改为"招大引强不放小";推动城乡旅游一体化,统筹创新,将周边几个乡镇建设成特色旅游小镇,重点打造以"云上天池"为代表的一系列核心景点,作为吸引流量、聚集人气的重点景区。这几个新建的旅游项目已经为景宁吸引了大量投资,变成了实实在在的金山银山。在全域旅游的大政方针指导之下,景宁最偏远的乡镇——毛垟乡和秋炉乡两地的干部也发挥创新能力,抱团发展。毛垟乡依托红色文化资源打造"红色小镇",秋炉乡则打造了别具一格的"运动小镇",吸引了不少游人前往参观。

以上诸多实实在在的变化,都发生在"大赶考"开始后的两年之间,这说明"大赶考"的确促使了各个层级的干部开动脑筋,理解政策，提出的工作方法和思路也都别具一格、标新立异，干部们的谋划能力在这场变革之中得到了极大的锻炼。

2. 执行能力

执行能力，即在工作思路提出之后将其落实的能力。在"大赶考"过程中，干部们的执行力至少在群众工作能力、协作能力和风险应对能力这三个方面得到了强化。

群众工作能力是指联系群众，倾听群众意见，为群众排忧解难的能力。在"大赶考"开始之初，景宁县司法局表现不佳，在市、县内考核排名均靠后。但经过一系列切实的工作，司法局在后续的考核中取得了优异的成绩。这些工作包含了很多群众工作方面的内容。司法局发动本部门的干部为当地企业提供免费的上门司法服务，还通过各种渠道联系在外经商的景宁人，主动为有需求的景宁人解决他们面临的法律问题；解决了多起群众纠纷，因其高效、公平、公正，大大减少了群众去法院起诉的案件。这些举措获得了上级领导和当地群众的好评。

协作能力是指各个部门之间、上下级之间共同开展工作、解决问题的能力。很多对于部门协同能力要求极高的规划目标，如果是立足于当地发展现实状况特点的未来规划，对于地区发展会产生巨大的引擎拉动效应。但是，这类目标往往受限于部门协同的掣肘。一项好的政策，如果久拖未决或者在某一环节遇到阻力，就不免无疾而终。然而，在"大赶考"动员之下，景宁出现了不少大开大合、对于部门协同能力要求极高的规划目标。例如，在"志不求易、事不避难"精神的鼓舞下，景宁干部认识到，振兴山区经济，除了挖掘自身优势资源，还要以更加开阔的视野抢抓外围机遇。他们主动出击，抢抓"长三角"一体化发展上升国家战略的机遇，以上海市静安区为桥头堡，对接大上海，搭建合作平台，拓宽合作渠道，开辟合作交流新路径。该类民族山区主动融入一体化发展国家战略的案例并不多见。目前，双方在产业对接、团体互融、科研技术共享等多个方面收到初步成效。

在协作机制创新方面，"大赶考"中的联席会商机制就是一种部门之间的协作制度，有利于充分整合县内资源，增强工作效能。同时，景宁的干部还创造性地提出了"乡会村开"的制度，也就是将乡镇（街道）一级的会议放到村一级开。这样不但共享了决策资源，还有利于基层干部领会上级精神，增强全局意识。

风险应对能力是指防范潜在风险和处理突发事件的能力。作为外出创业就业人口较多县，景宁一直以来都面临域外人口管理的风险挑战。景宁共有 6.8 万人口在全国各地，当前社会治理资源主要以行政辖区、户籍人口为基础进行配置，在外景宁人既处于"城市边缘"难以共享当地优质社会资源，又游离"千里之外"难以及时享有县内社会治理成果，逐步"孤岛化"。仅 2017 年，在外景宁人涉信访维稳事件 12 起，尽管均妥善处置，但趋于增多的平安问题、治理问题已成为制约在外景宁人获得感、幸福感、安全感提升的重要因素，从源头补齐这一社会治理短板势在必行。真正下决心应对这一风险挑战，是在"大赶考"实施之后。2017 年 9 月以来，景宁县以全科网格管理模式为基础，在景宁人相对集中的 12 个省市县建立了 18 个域外网格，探索外出创业、就业人口较多县社会治理模式。这一做法实现了以行政辖区为单位的县域社会治理向以人口分布为基础的景宁人治理转变，开辟了人口输出地治理新路径，增强了基层治理风险掌控能力，提高了公共服务资源覆盖面，也依托于驻外党支部、异地商会等实体，通过"互联网＋"，为基层群众开辟了新的自治空间。

这类能力在生态保护和环境整治方面表现尤为突出。"大赶考"之前，景宁县每年发生森林火情数十起，而自 2017 年开始，森林火情数量迅速降至0起。森林公安干部采用多种手段监测、防范火情发生，大幅降低了森林火灾风险的发生。在景宁县城区，县环保部门全体干部着制服上班，可以在短时间内迅速处置群众举报的环境问题，使得市区的空气污染指数不断降至新低。

一言以蔽之，景宁干部的工作执行能力在"大赶考"中得到了提升，使得口号、思路不再停留于文件上，让人民群众得到了切实的利益，真正做到了"用党员干部的辛苦指数换取人民群众的幸福指数"。

3. 评估能力

评估能力包括对自身的评估和对他人的评估。这种能力的提升主要体现在年度的点评会上。在点评会上，各级干部要对自己的目标完成情况、存在的短板、解决问题的办法做出陈述，这就要求干部对自身工作有一个明确的、深刻的认识，同时也要对自身的表现做出一个客观的评价。同时，听取其他干部的汇报有利于提高干部对于全县工作的整体性认识和甄别能力。这样的点评会就会促使干部去发现自身的短板并努力纠正，形成一个总结—自查—提高的正循环过程。县司法局从排名靠后在短时间内到位列前茅就是一个鲜活的案例。

被景宁"大赶考"机制动员起来的干部，还敢于向干部队伍自身"亮剑"，创新党建评估方式。围绕"是不是各级党委、各部门党委（党组）都做到了聚精会神抓党建？""是不是各级党委书记、各部门党委（党组）书记都成为了从严治党的书记？""是不是各级各部门党委（党组）成员都履行了分管领域从严治党责任？"的党建"三问"[①]，景宁的组工干部们在责任传导、组织覆盖、思想教

---

① 这是习近平总书记在2014年党的群众路线教育实践活动总结大会上提出的党建"三问"。

育、党内关爱、职责考评等方面建立健全科学系统机制，推行乡镇（街道）党（工）委书记党建绩效评审制度，构建起压实党建责任的闭环体系。这一探索，既解决了党建考评虚化的难题，又实现了党建责任的层层压实，有力地推动了全域旅游、"五水共治""三改一拆"、小城镇环境综合治理等该县中心工作。如景宁县城南棚户区（城中村）改造项目10年来两次谋划但均未启动。通过组建临时党支部，党员干部带头签约、带头腾空、发挥作用后，11个月完成土地征收476亩，拆除建筑物12万平方米，自愿签约率、腾空率均达到100%。

（三）年轻干部治理能力培养的难题破解[①]

"大赶考"全面提升基层治理能力，不仅仅是就治理能力的类别和层次而言，全面历练和提升干部的谋划能力、执行能力和评估能力；也是就治理能力的主体而言，提升景宁全体干部的治理能力。

年轻干部的能力培养一直是基层治理能力领域的一大难题。年轻干部处于职业生涯的初期，进入干部队伍时间不长，经验不多。

"大赶考"提升干部治理能力，一项突出体现正是对于年轻干部的培养，在治理能力中提升能力、培养队伍，这对于渴求人才的欠发达地区尤其具有深远意义。2018年以来，景宁依托"大赶考"的大赛场、大平台，健全完善了年轻干部选拔、培育、管理、使用环环相扣又统筹推进的全链条机制，为优秀年轻干部成长打开了"绿色通道"。

第一，在"大赶考"的大赛场中发现选拔年轻干部。一是从各级组织推荐中发现。2017年对全县县管后备干部进行了集中大范围

[①] 本部分涉及的相关数据由景宁县委组织部于2019年10月提供。

调整，淘汰一批，新进一批，共储备300名年轻后备干部，平均年龄33岁，最小的25岁。二是从谈心谈话中发现。通过谈话谈心全覆盖等方式发现干部，分组深入102家"赶考"单位，与班子成员谈心谈话。根据班子成员谈话，了解年轻干部表现情况，共选出优秀年轻干部28名。三是从"赶考"成绩单中发现。通过完善综合年轻干部比选机制，出台《景宁畲族自治县科级领导干部"志不求易、事不避难"创新实干大赶考年度考核等次评定办法（试行）》，列出干部"大赶考"年终"成绩单"进行综合选优排序，强化实绩导向选拔优秀年轻干部。例如，2018年将5名连续三年被评为优秀的年轻干部列为重点培养对象，推荐为市管后备干部。四是在专题考查调研中发现。2019年7月中旬，开展了"90后"年轻干部专题考查调研活动，初步筛选出工作满四年的"90后"年轻干部83名，开展了素养检阅测试。县委书记亲自出6道题，从年轻干部政治意识、大局观念、实干精神、学习态度、工作作风、自我认知六个方面，考查年轻干部在工作中的用心、用功、用情、用力情况。根据测试结果，筛选出50名举办素养提升集训班专题研修班，开展"大学习、大调研、大抓落实"系列活动。通过文字考查和实地调研等形式，发现优秀的"90后"年轻干部，为县委选拔使用年轻干部提供重要参考。

第二，在"大赶考"的大战场中培养历练年轻干部。强化理论教育与实践操作相结合的培养模式，让优秀年轻干部"强"起来。在培养上按照"缺什么、补什么"的原则，采取"走出去"和"请进来"相结合的形式，把年轻干部教育培训纳入干部教育培训总体规划，通过外出专题考察、撰写学习体会、无领导小组讨论、辩论会、读书会等形式丰富的学习活动，增强培训针对性和实效性。如组织青干班、畲族干部班集中到省委党校学习，组织青年干部到延安等地开展现场教学，组织项目班学做项目，培养一批能说、能写、能思、能干的年轻干部。2019年共完成4批次260余名年轻干部教育培训。在实践上强调年轻干部到"吃劲岗位"去历练，增强年轻干部攻坚破难本领。如下派缺乏基层工作经验或者岗位经历单一的年轻干部，到重点临时机构、信访维稳一线、招商引资一线、农村一线、综合部门、急难险重等岗位上去磨炼，去担当，共有27名35岁以下干部抽调在各重点临时机构。全面实行上挂下派制度，实施青年复合型人才孵化计划，选派20名35岁以下县直部门专业人才到各乡镇担任乡镇长助理。选派22名干部到国家部委、省市机关部门等挂职锻炼，下一步还将派出30岁左右的科级干部到"山海协作"县挂职。

第三，在"大赶考"的大舞台中选准用好优秀年轻干部。按照"长期跟踪培养、定期综合研判、大力选拔使用"三步走，出台《在"志不求易，事不避难"创新实干"大赶考"中全面考察识别干部的实施方案》，以实干为导向，以实绩论英雄，不看资历、不按惯例，就看"大赶考"的表现和成绩，提拔重用一批实绩突出的优秀年轻干部。如组织部门全程列席"大赶考"点评会考核目标、过程、成效；深入一线了解参与"治水剿劣、无违建、最多跑一次"等重点工作情况；建立"大赶考"干部队伍建设定期分析研判机制，将年轻干部培养工作作为各单位抓党建年终述职报告内容，列入各单位党建工作考核，定期听取年轻干部培养工作专题汇报，每年向县委提交年轻干部培养专题报告，全面分析年轻干部在"大赶考"中的现实表现和工作实绩，形成干部履职评价报告，为选拔使用提供依据。2017—2019年，提拔20名"80后"到副科岗位，其中"85后"11人；提拔5名"80后"到正科岗位，其中"85后"2人。例如，打破传统思维定式和干部使用惯例，将一名1986年出生的乡镇纪委书记提拔为乡长，将一名在乡镇基层一线并且在"大赶考"中工作成效显著的年轻副科干部提拔到县直部门担任正科级干部。

第四，在"大赶考"的大平台中严管厚爱优秀年轻干部。通过日常监督、谈心谈话、导师联系相结合的制度，将优秀年轻干部管起来。制定出台大监督机制，依托干部监督联席会议、领导干部离任交接检查、干部档案审核、"大赶考"干部谈心谈话全覆盖等载体，把好年轻干部思想源头关。定期召开组织部部长与年轻干部代表交流座谈会，全面深入了解年轻干部的思想动态、生活困难、工作困惑，加强组织关心、关爱，引好年轻干部成长路。建立县领导联系优秀年轻科级干部、乡镇（街道）部门领导干部联系县管后备年轻干部、高层次人才年轻干部制度，促进领导干部与年轻干部结成帮带对子，面对面辅导、"一对一"传授业务知识、技术技能、工作经验等，不断提升年轻干部处理各项工作和应对复杂问题的能力和水平，促进年轻干部健康快速成长。

三 "大赶考"显著提升基层治理成效[①]

景宁当地的主政集体在推行"大赶考"机制的同时始终不忘"大赶考"机制的前置性公共价值，并坚持在面对不同治理实践时反复强调，"大赶考"的评判最终也要接受老百姓评判和时间检验，看看对地方经济增长的拉动作用，看看是否增强了老百姓的获得感、幸福感。如果这些方面都没有收到实效，景宁打造的标杆就是劳民伤财、昙花一现，景宁确定的"赶考"目标就不科学，就是

[①] 本节涉及的主要数据根据 2018 年、2019 年景宁赶考办提供的数据测算整理。

形式主义。实践证明,自从"大赶考"实施以来,景宁县在绿色经济、生态发展、社会管理和公共服务四个方面都取得了实实在在的进步。

(一) 绿色经济

自 2017 年以来,景宁县在三个产业的发展过程中融入绿色生态理念,促进三个产业展现出发展新貌。

在农业方面,景宁在严守耕地红线的基础上,不断提高农田质量,配合基础农业发展了稻鳖共生、荚鱼共生、茶园养羊等高效生态种养模式,推动景宁惠明茶成功晋升国家地理标志农产品。同时率先探索"丽水山耕+景宁600+X"母子品牌体系运作模式,成功打造"深山野蜜"等子品牌 8 个,使得生态农产品的价值转化路径进一步明晰,2018 年实现销售额 5.24 亿元。

在工业方面,景宁制定了严格的环保准入标准和工业园准入负面清单,创立了丽景民族工业园和澄照农民创业园,专门培育绿色企业。2017—2018 年,景宁分别整治了"低小散"企业 11 家和 29 家,吸引了数十个项目和企业在两个生态工业园区落地。同时,景宁大力推广和支持网络销售,在这两年分别实现了约 14.5 亿元和 20 亿元的销售额,同比增长 38%。

在第三产业方面,景宁自 2018 年起开始将全域旅游作为自身发展重点,着力开发本地的人文、自然旅游资源。经过县文旅局的努力,景宁县与香港中旅国际投资有限公司建立起了全面战略合作关系,签约打造诸如"千峡畲寨""云上天池""悬崖上的天空之城"等一系列重大旅游项目,使得此前一直沉寂的景宁自然资源开始为景宁县、景宁人民创造收益。2018 年景宁实现旅游总收入 65.74 亿元,同比增长 21.5%。

（二）生态发展

生态环境的保护与发展一直都是景宁的工作重点。"大赶考"以后，景宁在生态方面的工作更上了一层楼，优中求优，严中加严。正如景宁某干部所说："99度的水要烧到100度。"

在水质的监测与保护方面，景宁不断深化"五水共治"和"河长制"机制。2017年在全县范围内消除了Ⅲ类及以下水体，使得Ⅰ、Ⅱ类水体完全覆盖全县。2018年，重点关注的一处交接断面Ⅰ类水天数168天，较2017年增加67天。"五水共治"的公众满意度得分位列浙江省第二、丽水市第一。

空气质量保护方面，景宁持续推进污染源的治理和监测。县城空气质量优良率由2017年的97.4%进一步提高至2018年的99.4%，PM2.5均值23微克/立方米，同比降低23.2%，位列全省第五、全市第二，获评"中国天然氧吧"。

在森林保护方面，保持高水准治理。一是森林覆盖率保持高水准。景宁森林覆盖率一直保持在80%以上，同时每年都会通过绿化造林和美丽林相建设增加上千亩林地。二是森林火情防控保持高水准。"大赶考"以来，景宁的森林火情数量出现了迅速下降，2017年就降至0起。三是树病防治保持高水准。为了保护珍贵树种，景宁在"大赶考"之后开始部署松线虫病的防治工作。2018年在周边县城病情泛滥的时候，景宁成功控制了病情，成为全省标杆，获评浙江省森林资源保护管理工作突出贡献集体。

（三）社会治理

社会治理的成效主要体现在平安综治保障公共安全和民生保障提高民生福祉两个方面。

"大赶考"之后，景宁县创新了社会治理模式，构建起县级一个中心指挥、乡镇（街道）四个平台运行、村社全科网格管理、域外综治网络延伸的"四级融合、多元一体"的新模式，也因此被评为2017年全国社会治安综合治理创新优秀县，2018年该模式又被列入了全省新时代"枫桥经验"实践百例。同时，2018年的扫黄禁赌禁毒、"扫黑除恶"专项斗争等工作取得显著成效，刑事发案数量下降19.4%。

民生保障工作也在"大赶考"后持续推进。城乡居民养老保险参保率持续提高，由2017年84%上升至2019年的90%，医疗保险参保率也维持在99%左右的高水平。新增城镇就业人数持续增加至1993人，月失业金标准也调高至1328元，增长10%。"精准脱贫"工作成效显著，创新推出"脱贫保"和"防贫保"，低保户由5088户降至3737户，同时补助标准提高，低保补助总金额由2592万元提高至3054万元，该兜底性保险被作为典型案例在全市推广。

（四）公共服务

"大赶考"实施以来，景宁干部在政务服务和教育事业方面，着力提升了公共服务水平。

景宁县积极推进浙江省"最多跑一次"行政改革。新行政服务中心在"大赶考"之后投入使用，推行"一窗受理、集成服务"办事机制，"一次办结"事项占比高达97%。推出"警备集市"新模式，打造全方位、立体化公安服务体系，并向其他业务领域拓展延伸，让山区人民群众在家门口就能获得优质公共服务。人力社保部门还创新打造了"综合柜员制"，将原来21个分散的专业窗口整合为10个综合办事窗口，实现137项民生业务通收通办，实现民生实事"一窗办好"。同时加快推进政府的信息化建设水平，推广"钉钉政务""云窗口"等平台，实现"让干部跑、让数据跑，让群众不多跑、不用跑、少交费"。

如果说政务服务方面，主要借助体系建设和技术创新，提升"贴心、便民"的工作水平，那么，教育方面，则主要通过加大对中小学的建设和支持力度。新建了一批高等级中小学，部分已有学校还新建了校区。同时景宁中学的一本上线人数和本科上线率也在2018年创新高，分别达到了110人和94%。

总之，对基层而言，评价地方的工作搞得好不好，主要看实绩，实绩来自治理能力。评价中国共产党的基层治理能力好不好，有没有得到提高，要看当地党委、政府和各级干部是否以党中央要求的精神和政策指导具体实践，把党建工作与日常（业务）工作紧密结合到一起，是否解决了党员干部的思想问题、组织问题、作风问题，是否解决了人民群众关心的问题，是否促使当地的发展水平满足了人民群众对美好生活的向往。这些都需要基层干部队伍的治理能力不断提高，景宁的"大赶考"在这方面起到了表率作用。

第四章 "大赶考"机制的实践经验与改进空间

一 "大赶考"机制的实践经验

中国治理现代化新体系不是否认干部的作用，也不追求强化利益驱动办法以促动干部发挥作用，而是寻求更高质量的干部活力和治理动力。干部新活力是中国国家治理能力现代化的优势。治理体系通常包括治理主体、治理机制和治理工具三大要素。相应的，党员干部的治理能力、党政治理体制和治理技术就成为影响中国国家治理效能的三个基本变量。如何在新时代新形势下持续提升党员干部的治理能力，也成为新时代干部动员的意义所在。

我们借助对于浙江景宁的"大赶考"机制剖析，进一步发现其对干部动员与治理实践在现实操作层面的启发性意义。

2018年5月18日，中共中央办公厅就印发了《关于进一步激励广大干部新时代新担当新作为的意见》，提出进一步激励广大干部新时代新担当新作为。[①] 那么，针对新时代新担当新作为这一主题，新时代干部动员机制创新的根本要求是什么，突破口在哪里，如何激

---

① 《关于进一步激励广大干部新时代新担当新作为的意见》，2018年5月20日，央广网（http://baijiahao.baidu.com/s?id=1600981715203796893&wfr=spider&for=pc）。

活机制、增进实效，甚至如何从干部考核、工作评价等角度全面深化干部管理改革，新时代"大赶考"都一一做出了回答，并且意至全局。

（一）明晰干部动员机制创新的根本要求

中国共产党的性质和党员队伍的特点，决定了它是中国特色社会主义民主政治公共价值的制度承载者，必须以人民为中心，放弃了人民立场，党就会面临亡党亡国的危险。新时代坚持和发展中国特色社会主义的根本立场就是坚持以人民为中心。新时代干部动员机制创新同样需要秉持以人民为中心的立场。依靠人民群众，从群众中来，到群众中去。

秉持以人民为中心的立场，为想干事的党员干部指明了方向。习近平总书记在上海视察大城市治理问题时提出，治理要让人民群众得到好处。人民群众是中国共产党治国理政的中坚力量，只有始终坚持人民主体地位，把人民对美好生活的向往作为自己的奋斗目标，把为人民谋幸福作为根本职责，才能保证治理能力真正"能"得其所。

秉持人民立场，这是干部动员的价值目标，是各级政府普遍的原则和出发点。人民立场，着眼于锤炼定力，做政治上的明白人，善于着眼大局、谋长远、抓根本，坚持在党和国家的大局下行动，坚定不移地贯彻执行上级的决策指示，坚定不移地在思想上、行动上与党中央保持高度一致，与人民群众站在一起。

如何在干部动员机制中体现人民立场，如何让干部真正担当作为，有不同的实现方式和路径。有的做法，实践证明是不合适的；有的做法，则在实践中取得了一定成效。新时代"大赶考"从干部考核和工作评价等角度入手。一方面，以增进人民福祉的综合考量作为干部培养和评价的根本依据，体现人民立场。以民生福祉综合考量干部工作，根据各地民众的需要，把上级要求的规定动作和主动谋划的自选动作结合起来考核党员干部是否实干、担当和作为，改变了"政绩锦标赛"导向。主动谋划以民生福祉为导向，是在坚持创新带动发展道路中始终坚持一切从实际出发，始终坚持从人民群众的根本诉求出发，对于偏离人民群众根本诉求和国家治理实际特点的做法坚决抵制，干成事又不出事。另一方面，通过人民代表打分的形式，依靠人民群众评价干部治理实效，体现人民立场。新时代"大赶考"证明，人民代表打分的形式，让干部评价具有了更好的贯彻以人民为中心的基本立场的探索空间。"大赶考"每年年终需要人大代表、政协委员、村（社）干部代表对于各个"赶考"单位的陈述情况进行打分，并且由相关媒体进行报道和公示。"志不求易、事不避难"，难易与否最终体现在人民代表评分，所以必须把人民摆在第一位。

新时代"大赶考"的上述干部动员机制，促进党员干部同人民群众思想上想在一起、实践中干在一起，切实以人民为中心发展引领干部队伍建设。

（二）把握干部动员机制创新的立足点

要落实好干部标准，大力选拔敢于负责、勇于担当、善于作为、实绩突出的干部，鲜明树立重实干、重实绩的用人导向。中央这一对于好干部的评价标准，从本质上揭示出了干部评价和治理实际绩效之间的关系。评价一名干部好不好，需要看他是否具有担当作为的勇气和精神状态，需要看他是否对经济发展、社会服务、环境整治、民生事业等现实综合治理带来绩效的提升。

"大赶考"在选人、用人方面紧紧围绕中央提出的好干部标准，坚持政治忠诚、政治定力、政治担当、政治能力、政治自律等统筹兼顾。通过对"大赶考"结果的考察来识别、选拔、培养优秀干部。考察时打破了以往只考察少部分领导干部的惯例,分四个层次考察不同干部在"赶考"中的表现。第一,考察领导班子在"志不求易"方面的政治站位和目标定位,在"事不避难"方面的目标完成情况,综合评价领导班子在集体智慧、团队合力、实绩成效、争创标杆、勇做标兵等方面的表现和成效。第二,考察单位主要负责人统揽全局、攻坚克难、争先晋位、能力作风、引领团队等方面的表现和成效。第三,考察其他班子成员在"大赶考"中紧盯目标、担当履职、尽职负责、创新实干等方面的表现和成效。第四,考察一般干部在完成"赶考"目标中迎难而上、敢于冲锋、操作到位、开拓进取、推动落实等方面的表现和成效。

党员干部要能够把雷厉风行和久久为功有机结合起来,勇于攻坚克难,能够坚持说实话、谋实事、出实招、求实效,立足治理效能。可见,这是干部评价的标准,同样是干部动员需要立足的关键点,动员干部具有担当作为的勇气和精神状态,动员干部对经济发展、社会服务、环境整治、民生事业等现实综合治理绩效的提升。

第一,重实干、重实绩的干部动员是基层治理产生实际效能的条件。早如孔子就提倡与其"载之空言",不如"见之于行事"。坚持有为才有位,突出实践实干实效,让那些想干事、能干事、干成事的干部有机会有舞台。一个地方的治理效能要提高,需要在尊重整体政治体制架构的基础上,勇于围绕中央顶层设计开展差别化探索,并在探索过程中不断突破原有的制度桎梏。把治理效能作为党员干部考核和评价的根本标准,就是注重结果导向,就是在向原有制度桎梏下的"你好我好大家好"和监督问责泛化说"不",在向原有制度桎梏带来的"过度工作留痕"和"过度工作检查"说"不",在向原有制度下日渐精细繁复的考评指标说"不"。干部动员只有在激励和督促的导向上注重干实事,才能让干部感受到鼓舞,同时以更大的视野和更接地气的方式去获得或寻找到自己的实干舞台,才能够为国家发展和社会治理做出更大贡献。

第二,干部动员机制创新的着力点来自基层治理实践。既然重实干、重实绩的干部动员是基层治理产生实际效能的条件,那么,干部动员机制的着力点就要从基层治理实践中挖掘。

当前有些地区的干部动员机制改革,单纯从制度调整入手,建立了一整套精细化的强化正向激励制度,配套了相当的财政资金支持。但是,奖励资金发出去了,当地治理的效能并没有得到较大提升。有些地区的干部动员机制改革,成功督促带动了一小部分党员干部,但是群体的大部分依然处于"温水煮青蛙"的被动状态。这些就是干部动员机制改革与基层治理实践效能脱节的结果,或者是不知如何立足治理效能去动员干部的结果。

如何立足治理效能,做好干部动员?习近平总书记在中央全面深化改革委员会第三次会议上曾经强调:"继续推进改革,要把更多精力聚焦到重点难点问题上来,集中力量打攻坚战,激发制度活力,激活基层经验,激励干部作为,扎扎实实把全面深化改革推向深入。"[①] 就基层治理实践而言,基层当地治理实践的特点,是这一地区大多数人民群众最关心的利益诉求集中点;基层当地治理实践的重点,是这一地区当前所处发展阶段需要着力解决的问题;基层当地治理实践的难点,是这一地区在发展过程中遇到的难题、困惑或者挑战,排除了它们能够大大推进当地基层治理效能。干部动员机

[①] 习近平:《激发制度活力激活基层经验激励干部作为 扎扎实实把全面深化改革推向深入》,2018 年 7 月 6 日,新华网(http://www.xinhuanet.com/politics/leaders/2018-07/06/c_1123090619.htm)。

制创新，就需要结合国家治理的框架和重点，从基层当地治理实践的重点、难点和特点出发，关注基层治理的评价技术创新，更多强调战略性评价而非策略性评价，更多实施多元化考核而非单一化考核，更多运用综合治理效能而非单纯指标体系，激励和督促干部着力从这些方面担当作为。结合当地实际并担当作为干出成绩，能够提高治理能力、取得治理效果，从而真正实现干部动员机制的创新初衷。

（三）保证干部动员实效需要两个条件

干部动员机制创新的实效需要全面深化改革的思路和勇气。景宁的"大赶考"机制覆盖了在景宁工作的全体干部，所有部门和乡镇（街道）干部，垂直管理单位和国有企业干部，各部门系统内部单位和下属单位，以及所有行政村和社区干部，分别参加三级"大赶考"。新时代"大赶考"类似机制要想保证运行实效，同样需要在全域各层级做到全员覆盖。

究其原因，干部动员的实效需要放到整个地区的治理实践中去考量。基层治理是一个有机整体，各个单位和层级的干部工作都需要在这一有机整体中开展治理活动，也就意味着各个干部的工作都互相联系和牵制，组合构成地区基层治理工作的整个体系。假如干部动员机制只是针对其中一部分干部，他们的工作势必受到其他部门制度和干部的制约，不仅无法客观衡量这部分干部的工作绩效，也无法真正调动这部分干部的积极性、主动性、创造性。反之，把干部动员机制贯彻到所有工作领域和所有层级干部，各单位内部和单位之间、干部和干部之间能够产生"全面激活、整体提升"的效应，不仅有助于改善一个部门和系统干事创业的工作氛围和围绕中心工作团结协作的政治生态，而且有助于增强各单位之间的相互理解和主动协作关系。

覆盖全体干部是保证干部动员实效的一个关键点，强调结果运用是保证干部动员实效的另一个关键点。"大赶考"机制强调从政治进步、物质奖励和荣誉感培育等多个角度全面强调干部动员机制的结果运用。

一是政治进步方面的结果运用。政治进步是干部动员的敏感要素。组织部全程参加了解干部表现情况、班子运行状况，结合日常监测、专项督查、季度分析等结果全面考察，并把"赶考""成绩单"归入"政绩档案"，并作为干部提任的重要依据。"大赶考"制度框架内没有旁门可走，奖勤罚懒，打破干部成长的"隐形台阶"，做到"凭实绩用干部"，更有利于形成能者上、庸者下的良好政治生态。结合干部工作评价和提拔任用的机制，让干部前途掌握在干部自己手里，组织部门权力内收，干部自主权扩大，有利于干部动员。

二是物质奖励方面的结果运用。将干部"赶考"成绩与绩效工资挂钩，拉大差距，依据考评成绩奖优罚劣，对"赶考"成绩优秀、良好的单位，年终奖金做较大幅度的上浮，对"赶考"成绩靠后单位的领导干部进行谈话提醒。当出现"大赶考"考核得分优秀单位的一般干部收入与低分单位"一把手"收入相当甚或更高的情况时，这一干部动员机制的动员效应也就凸显出来。

三是荣誉表彰方面的结果运用。在"大赶考"程序中增设"赶考"荣誉表彰仪式，从仪式的隆重热烈、影响的宣传扩展入手，让动员机制倡导的"志不求易、事不避难"的精神成为众所周知的光环，既感动和鼓舞优秀者来年加倍真抓实干，也督促和激励后进者努力奋进。

当一项干部动员机制覆盖到全域全员，其动员机制结果又被充分重视运用时，它才能够真正改善政治生态，并带动基层治理改善。

(四) 激活干部动员机制需要制度化民主

如何让干部"动"起来？让干部群体本身通过制度化的途径，参与干部动员机制的全过程，就是让该种干部动员机制具备持续生命力的保证。换言之，干部动员机制创新也有赖于干部群体本身在制度调适过程中的民主参与程度。

第一，激活因种种原因被搁置或选择性忽视的政治民主制度。例如，党内重大决策征求意见制度是一项重要的党内民主制度，是为了避免重大决策失误，减少给党的工作带来损失和造成影响而专门设立的。但是，对于按照干部管理规定应该由党组织集体讨论的干部任免、调动和处理，往往在不少地区的实际操作中流于形式，最终成为几个人的拍板决定。又如，干部调整前的民主推荐制度，是干部选拔任用的一道重要程序，必须坚持党管干部，德才兼备、任人唯贤，群众公认、注重实绩，公开、平等、竞争、择优，民主集中制以及依法办事等原则。但是，在一些地方的实际操作中，常常变成遵从程序下的唯亲、唯近推荐，或者出现偏重德、能、勤、绩、廉其中的一个方面或几个方面推荐的情况。这些做法会带来相当消极的政治氛围和政治生态，即便有时当事人完全遵循制度要求和程序进行推荐，也会遭到其他同志和群众的不理解或者非议，做好干部动员自然无所依从。

因此，新时代"大赶考"，在秉持人民立场和立足治理效能的基础上，要将广泛征求意见的民主制度切实应用到目标决策环节，要求党员干部从工作之初就注意充分发挥主观能动性，在设定年度工作目标时做到自下而上、上下结合。凡事预则立，预得好则立得正，这是干部动员中一项关键性的制度化步骤。干部和团队根据自身条件，酝酿提出自选目标，联系和分管的县领导对"赶考"目标的全面性和难易度进行初审,"大赶考"领导小组围绕各目标的平衡性和精准度进行复审,各部门目标还要分别送省或市对口部门把关,经上级部门领导签字认可。

经过自选程序确定的工作目标,是"自己点菜自己做",可行性程度较高,有效地避免了官僚主义的瞎指挥和不切实际闭门造车式的定标准、下任务。确定工作目标以各单位自选为基础,体现了对干部主体性的充分尊重,利用他们了解本工作领域和本单位实际情况的优势,激发并汇聚了基层干部的智慧,这一过程就是干部们统一认识、达成共识的过程,就是凝神聚力、提振士气的动员过程。

目标订立上下结合充分体现了制度化民主的智慧。一方面,干部们主动选择的目标不同于上级下达的任务和考核指标,它们或者来自干部们多年的工作实践,或者来自扎实细致的调研分析,并且是有破解思路、条件和措施的,这一局面助推在基层治理层面出现将中央大政方针与地方实际完美结合的新探索、新思路、新措施。另一方面,为自选目标划定范围、设置客观认定标准和程序,是将国家的大政方针、政策导向和当前基层治理工作中的大事要事贯彻到各单位的具体工作中,促使各单位集中力量攻坚始终是围绕中心、服务大局,从而形成相互协作合力的工作局面。另外,自选目标需要经由分管(联系)领导审查、责任领导审核,还需要上报相应主管部门签字认可,这一过程,上下几个轮回,也是倒逼本单位干部和主要领导、分管领导、责任领导、上级部门干部等多个层级的干部群体在目标决策中广泛听取意见,做好充分论证。

第二,广泛发扬人民民主的制度优势,促进干部动员机制不断完善。如前所述,将"两代表一委员"、村(社)干部代表、社会各界代表、各单位代表等纳入干部动员机制的运行过程之中,在意识形态层面体现了坚持以人民为中心的立场,在制度设计层面则吸纳了人民民主的制度优势。将干部评价权多元化，让干部考核和评价受到多个方面的制约，实质是以多主体参与评价的方式达到约束和分权的目的，达到民主监督的目的。

邀请"两代表一委员"、村（社）干部代表、社会各界代表和各单位代表打分，并非让渡原来的领导用人权。决策、评价之前经过充分论证和评估，是中国特色社会主义政治制度的应有之义。只是随着科层制日积月累的制度惯性，被制度执行者自行做了更加有利于自身开展工作的制度调适，导致个人权力日趋集中，科学评价、民主评价渐行渐远，民意征询退为一个原则。新时代"大赶考"将向人民群众征求意见的民意汇集机制还原、回归到制度体系之中，使得由民意引导干部动员方向、由民意推动干部动员和干部评价不断改进完善的制度优势重新得到发挥。一个村的自选"年猪"项目，是在与村民的多次反复讨论之后确定下来，在执行过程中出现新的政策环境时，又敢于结合现实条件，不按既定政策程序担当作为。无数此类的案例都是人民民主借助制度化安排重新回归干部管理体系、推动干部管理不断优化的结果。

（五）推动干部动员机制创新需要党建引领

基层探索干部动员机制创新的效果，就是希望提升党员干部的基层治理能力，进而改善基层治理效能。基层党建对此起着决定性作用。习近平总书记在党的十九大报告中多次强调，要重视和加强基层党建，基层党建的好坏关系着基层治理的好坏，关系着国家治理的基础是否巩固。

立足治理效能、讲求全员覆盖和结果运用以及运用制度化民主，都是干部动员机制在党建这一"一核"的引领下得以成功实行的"多元"因素。人民立场是干部动员机制创新的根本依据，那么党建引领就是干部动员机制创新的重要保障。

包括干部动员在内的干部管理改革历时多年，依然有不同的思路和声音。其中一种显著的声音认为，干部管理改革是国家行政体制改革的一部分，与党的建设没有直接关系，其突破口在于转变公共管理理念，应用新公共管理最新成果。对于中国共产党长期以来强调的党建工作，也有不同的实践和评价，其中一种声音侧重于就党建谈党建，党的建设高屋建瓴，重在党组织内部开展专项主题教育和反腐倡廉，很难与深化干部管理改革联系起来。仅从干部动员的角度考量，浙江景宁的"大赶考"实践，已一举回击上述既有认识误区与错误做法。

第一，思想建设有利于统一党员干部队伍思想，凝聚共识，鼓舞士气，进而推进干部动员机制创新的成功实施。景宁县虽然地处欠发达山区，但是没有忽视党的思想建设工作，尤其注意虚功实做，为"大赶考"的顺利推进及其干部动员作用的有效发挥提供了必要的思想保障。例如，常年定期分层分类向全县党员开放讲习，以多种形式开展专题讲习授课或论坛；对于占全县农村党员60%的流动党员开办集中"夜校"，消除思想建设盲点；高水准建设畲乡景宁党群服务中心，通过景宁抚今追昔的展厅展示、红色书吧、定期政治生日、认领群众微心愿等举措，以有形阵地推进思想信仰，构建党员干部精神家园。上述思想建设工作的日积月累，无疑坚实了景宁当地党员干部的思想基础，有效保证了党员干部在"大赶考"机制之下"志不求易、事不避难"，真正面对基层治理中的急难险重不回避、不退缩，实干担当。

第二，基层组织建设则保障了干部动员机制创新举措能够借助组织化体制全面覆盖、贯通上下，各级党组织和党员干部各司其职，压实责任。基层，尤其是农村基层党组织建设，是关系到中国特色社会主义建设事业成败的重要基础之一。中国革命和社会主义建设时期的经验警示，基层组织建设的好坏直接决定着一个政党、一个政权的成功与否。中国共产党之所以能够取得中国革命的胜利，一个重要原因是坚持有信仰、有目标、组织严密、行动有效的基层组织。① 这个成功的经验不能忘记，更不能忽视。在中国特色社会主义的政治框架内，干部动员机制需要依靠党的建设来引领推动创新进程。基层干部动员机制的创新，涉及该地区多年来形成的干部考核体系、多年来形成的干部群体思维，涉及多年来形成的制度惯性和思维惯性。要实现真正创新，真正从一些体制机制的障碍中突围，从利益固化的藩篱中突围，从常年形成的路径依赖中突围，就不要完全依靠人性，事实证明，人性往往经不起考验；也不要完全指望时间，时间的长短，取决于改革的政治站位和初衷。只有通过依靠没有本党利益的中国共产党的各项建设，集中全党的智慧，一切从新时代的时代特征、地区特点和人民诉求的客观实际出发，方可获取全面深化干部管理制度改革的政治勇气和魄力。

景宁"大赶考"突出体现了党建工作对于干部管理的核心作用。"大赶考"使景宁各级党组织的领导、干部首先从政治上、思想上、工作上用更高的标准来要求自己，为自己和本单位设立在丽水市甚至浙江全省都是标杆的目标。为了完成标杆任务，当地的各级领导、干部都必须全身心地扑下身子，进入基层，更深地融入群众，了解群众的真实需求和困难，急群众之所急，想群众之所想，为群众解决实际问题。因此可以说，标杆任务的设立与完成，直接或者间接对当地群众的工作、生活带来了积极影响。"大赶考"通

---

① 中华人民共和国成立前，中国共产党的基层组织遍布所有的根据地、解放区。甚至许多当时尚未解放的地区也建立了强有力的基层党组织。这为党战斗力的持续发展壮大，从而打败敌人提供了重要保证。

过让党员干部"动"起来,以实际行动将基层党建和基层治理融合到了一起。

通过扎实的思想建设、组织建设,抓好干部教育管理,就为干部队伍做到"志不求易、事不避难",创新、实干、担当,奠定了良好基础。换言之,抓实党建,才能为推动干部动员机制成功创新并持续发挥作用提供良好的保障,确保党员干部政治过硬、本领高强。这是景宁"大赶考"在以党的建设为引领来激发基层党组织的战斗堡垒作用和党员先锋模范作用,也同时成为党的建设的重要载体。

党的建设对于干部动员机制创新如此重要,坚持和加强党的建设始终是重中之重。党的建设其中重要一项是为党培养好、选拔好干部。有了德才兼备的优秀干部,才能更好地为人民服务,人民的事业才能得到保证。这就要求各级党组织必须坚持正确选人用人导向,匡正选人用人风气,突出政治标准,确保那些牢固树立"四个意识"和"四个自信",坚决维护党中央权威,全面贯彻执行党的理论和路线、方针、政策,忠诚、干净、担当的干部能够得到提拔和重用。政治上的忠诚和可靠比其他方面都更加重要,完善的选人用人机制决定着是否能够培养好、选拔好政治上忠诚可靠的人才,这正是组织建设的要害所在。

访谈过程中,有受访者谈到,"大赶考"之所以取得了这么多成绩,具有很强的可持续性,受到当地人民群众的欢迎,受到当地大部分党员干部的拥护,真正改变了当地面貌,归根结底还在于政治勇气,这种政治勇气来自党强有力的引领力。

综上,"大赶考"机制通过目标管理的方式把中央精神具体化,针对现行干部考评体系实施中存在的问题对症下药,其成功探索,价值不止在一隅,或至全局。新时代"大赶考"是一条新路。

二 "大赶考"机制的改进空间

"大赶考"机制的成功实践并不意味着没有挑战和困难。作为一项实施仅仅不足三年的制度探索,不能理想化地认为它能解决所有问题。探讨制度本身存在的改进空间,有助于对其可持续性做出评估。

(一)干部动员着力点的改进空间

从干部动员着力点的角度,主要存在以下改进空间。

一方面,与其想方设法如何动员现有的干部队伍,不如同时关注把好选人用人入口关。遴选和保证优秀人才进入干部队伍,是干部动员机制有效发挥作用的基础。坚持正确合理的用人导向,坚决反对和抵制在选任实操过程中出现的唯学历、唯考试的用人倾向。

另一方面,干部群体庞大,不同干部有不同的层次、类别和特征,在不同的工作领域有不同的工作要求和能力区别,不能"一刀切"管理。尤其是一些专业性较强的部门,如果由非专业干部担纲主政,一旦遇到专业挑战或者发生重大危机,则可能因为应对不够及时和专业而造成重大失误甚至损失。这类经验教训在各地农林、卫生等部门已不鲜见,亟待引起重视。如何对干部进行分门别类、有层次有重点的动员,还有待进一步分析思考。

(二)干部动员内容的改进空间

从干部动员内容的角度,在"大赶考"机制下,干部考核是将"规定动作"和"自选动作"结合起来考虑的,存在至少两方面问题。

一方面，在实际运作中，按照上级考核的"规定动作"要求完成达标即可为合格，也许某单位常规性工作质量很高，但不易得到高分。同时，存在上级规定的形式化动作，所以，"大赶考"机制下依然无法避免形式主义。

另一方面，这一动员机制主要比拼的是"赶考"单位平均1—2项"自选动作"的出彩，存在着将考评单位整体职责履行情况转变为考评某项或某几项"自选动作"的认知和实操倾向。原来的绩效考核，基于个人理性最大化，只要重点考虑单位和干部自己；但是"大赶考"机制下，同质化工作有可能陷入恶性竞争。"大赶考"机制下，要求每年各个单位都要出亮点、树标杆，也要防止各乡镇（街道）和部门，为出亮点而出亮点、为树标杆而立标杆的功利主义倾向。例如，本部门的本职工作，不作为亮点和标杆的基础，而牵涉过多精力投入本职工作以外的相关工作当中。又如，定位文化事业发展，在没有充分考虑当地客流和受众面的情况下，就大兴文博事业和会展招售。在这一层面，全县应有更多指导和统筹整合。

此外，如何将年度"赶考"目标和单位中长期目标相勾连，与全地区发展重点相协调？档案局等传统意义上的"冷门"部门区别化"赶考"，应该纳入"赶考"，但怎么"赶考"更好？侧重于出台政策的部门，没有执行职能，如何用"大赶考"机制去评价？这些有关制度设计的定位和细节亟待解决完善。

（三）干部动员机制的效果评估

对于干部动员机制本身的动员效果评估，主要包含以下几点。

一方面，"大赶考"机制通过以干识人的信息沟通和反馈机制，了解不同部门，打破了下级部门对上级的信息屏蔽，也确实有利于相关单位之间的协作，但是，其是否有利于同一序列内部的单位协作，还有待商榷。

另一方面，干部动员机制是否带来额外的干部压力问题也需要引起关注。应对持续压力下的疲惫问题，对于年轻干部可能是好事，工作强度增大，个人晋升有望；对于年长干部则未必有利。要围绕建设高素质专业化干部队伍，强化能力培训和实践锻炼，注意把关心、关爱干部的各项措施落到实处。"大赶考"也需要"大关怀"，需要思考相关实招。

（四）干部动员机制中的民意回应能力评估

干部动员落点在治理实践，治理实践落点在民众诉求。所以，如何能在制度化层面落实干部工作的民意回应能力，尤见干部动员机制创新的功力。

民众的诉求广泛覆盖社会治理各个领域，所以在为民办实事时需要筛选，但是筛选也易出现偏差。民意筛选具有选择性偏差。如何在筛选过程中更好地体现民众普遍诉求？应当建立一个民意筛选机制。

除了目前干部自主调研了解、搜集、分析民意，主动谋划以外，还需要在县级或更高层面建立一套稳定和长效的有关民意回应的制度安排，为党员干部规范化、制度化回应民意提供规制平台，以减少民意搜集渠道、民意分析与处理的随意性、主观性。与此同时，在"大赶考"等类似干部动员机制的相应结果运用中需要加入对于制度化、精准化回应民意的正向鼓励和反向督促。

例如，"大赶考"年终陈述会邀请社会各界代表和"两代表一委员"、村（社）干部代表、各单位代表一同作为评委，是"大赶考"机制不断扩展民意机制的表现，但是对于从社会各界代表评委的产生、各场次不同界别评委的调整和评委功能的挖掘拓展等方面入手，如何提高回应民意的精准度，还需要进一步开阔思路，并做好配套制度建设。

目前，景宁的"大赶考"已经引起丽水市、浙江省的重视，市内、省内其他地区已开始学习"大赶考"的做法和经验，中西部地区也陆续组团来考察学习。从目前的实施情况看，"大赶考"机制比较适合景宁等正力求发展突破的县域地区。但是，一方面，对于"大赶考"机制实施过程中存在的问题需要加强分析。另一方面，该机制是否适用于更高层级、更大范围还有待研究。建议由县委统筹，组织部门具体负责，其他各部门协助，立足基层调研，联合学者深入分析，进一步完善适合新时代要求和特点的干部动员相关制度。

第五章　新时代"大赶考"的理论意义与扩展思考

结合干部动员相关理论的分析比较，新时代"大赶考"不仅在干部动员与治理实践的现实操作层面积累了宝贵经验，而且在干部动员的理论坐标轴上拥有了自己独特的一席之地，并进一步在更广层面对于干部队伍建设的制度形塑和类似制度的可持续性等问题提供了启示。

一　厘清干部动员相关认识

关于政府行政工作的描述存在着多种不同的理论，各种理论大多从自己的角度提出了提高公务员工作积极性的途径。

目前，西方关于这方面的理论论述比较多，但其理论的出发点、发展特点与中国的情况不尽相同，这是我们在研究中国的干部动员等相关问题时尤其需要注意的。

（一）干部动员相关理论摘撷

西方公共行政理论脱胎于伍德罗·威尔逊的"政治—行政"二分法。威尔逊于1887年在《政治学季刊》上发表《行政学

第五章 新时代"大赶考"的理论意义与扩展思考

研究》，第一次明确提出应当把行政管理作为一门独立的学科来研究，该文主要探讨了政府的工作是什么以及如何高效率地完成这些工作。① 1900年古德诺出版《政治与行政》一书，进一步对政治与行政的领域做了划分。② 直到1926年怀特出版《行政学导论》、1927年威洛比出版《公共行政原理》之后，③ 行政学的理论体系就完全形成了。早期公共行政理论主张行政官员只对民选的政治领导人负责，同时受到韦伯官僚制理论和泰勒管理学的影响，提倡等级制的政府组织形式，且推崇效率和理性，公民参与极其有限。在这种早期的行政理论中，很显然上级的命令是公务员积极性的唯一来源。

公共选择理论来自经济学对于政治学的影响。布坎南的"政府失败说"就是其代表性学说，这种理论采用了经济学中一个最基础的假设，即人是理性"经济人"，具有自私自利的特点，总是会计算"成本和收益"。换言之，政府中决策人员的利益并非总是同公共利益相一致，这就会导致权力滥用和资源浪费，进而造成政府机构效率低下。依循这种逻辑，布坎南提出，提高政府效率，动员公务员积极性的最好方法之一就是在公共部门恢复自由竞争，实施有效的激励机制。

新公共管理理论试图运用企业和市场的方法来对政府进行改革。美国的奥斯本在其著作《改革政府》中倡导用企业家精神来克服政

---

① Wilson, Woodrow, "The Study of Administration", *Political Science Quarterly* 2 (June), Reprinted in 1997 in Classics of Public Administration, 2d ed., Jay Shafritz and Albert Hyde Chicago: Dorsey Press, 1987, pp. 10-25.
② [美] 古德诺：《政治与行政》，王元、杨百朋译，华夏出版社1987年版。
③ W. F. Willoughby, *Principles of Public Administration*, Baltimore: Johns Hopkins University Press, 1927.

府官僚主义。① 凯特尔也支持类似的方法，他在研究新西兰的改革时指出，新西兰采用了一种自上而下的方法试图对各种项目进行民营化，力求用市场机制来取代官僚机制，并且在整个过程中更加关注产出和结果而不是投入。② 霍哲在其著作《有效政府》中十分推崇绩效管理，他认为对于绩效管理的改进可以促进政府责任感的改善，提高政府的服务水平。③ 总体而言，新公共管理理论推崇专业管理技术，包括绩效考评、产出控制、部门重组等方法，同时要求在政府内引入市场机制，促进政府部门与私营机构在公共领域进行竞争，以此推动政府改革自身，提高效率。也有新公共管理学者提出，应当实现政府组成单位内部的竞争，以及跨越政府边界的非营利部门与营利部门之间的竞争，因为这样可以消除掉公共机构和公共雇员无效率的垄断特权。④ 这种理论要求公务员，特别是处在领导岗位的公务员，扮演企业中管理者的角色，应当将公民当作顾客，为利润而进行公共投资，同时，只需要注重决策内容而不必过于关心政策的实施。可以看出，新公共管理理论的动员方法就是严格的管理技术，特别是绩效测量机制以及多元主体的竞争。

新公共服务理论某种程度上则是对新公共管理理论的纠正完善。该理论以美国登哈特夫妇的著作《新公共服务：服务而不是掌舵》为标志。书中提出，由于新公共管理过于推崇技术原则以及市场机制，导致社区价值、公民权益、政府责任等遭到了忽略。因而，新公共服务理论强调政府应当以服务公民诉求为主，而不是领导和管

---

① ［美］戴维·奥斯本和特德·盖布勒：《改革政府》，周敦仁等译，上海译文出版社2006年版。
② Donald F. Kettl, *Sharing Power*, Washington, D. C. : Brookings Institution, 1993.
③ Marc Holzer, "The Resource Guide to Public Productivity", CUNY: *National Center for Public Productivity at John Jay College of Criminal Justice*. 1983.
④ Linda Kaboolian, "The New Public Management", *Public Administration Review*, Vol. 58, No. 3, 1998, pp. 189 – 193.

理，应当在治理中扩大公民参与，以民主的方法凝聚社会共同价值观。[①] 在该理论中，公务员并非政府开展治理工作的重点，政府只有保障公民权益，扩大公民参与，服务于公民的诉求，才能把自己与公众联系起来，实现善治。

（二）中西干部动员背景与机制比较

中国的社会形态、政治制度和思想传统与西方存在重大差别，这些差别决定了我们不能机械地套用西方理论，而应当取长补短，建设适合自身特色的相关理论，进而及时总结和进一步指导中国的治理实践。中西干部动员背景的不同主要体现在三个方面。

第一，政党在国家中的政治地位不同。中国国情与西方国家不同，与西方国家经历的历史道路不同，中国共产党是领导一切的，党员干部队伍与公务员队伍高度融合。在西方国家，往往是两党或多党轮流执政，行政公职人员与党员不一定有必然联系，有些国家规定行政人员不得加入任何政党以保持行政中立，尽管这种行政中立大多徒有其表。历史和现实已经证明，在中国，党必然也必须领导一切，否则国家发展和稳定都无从谈起。在中国共产党的领导之下，政府机构的多数干部都是党员，这使得党组织和政府组织都具有高度的凝聚力、战斗力，能够带领国家在正确的道路上前进。西方国家的政府和政党基本不具备这样的干部动员理念、机制和渠道。

第二，政府与社会的关系不同。西方国家一直强调政府与市民社会的区分，将国家、政府与社会对立起来，这种对立与西方国家特殊的历史环境有密不可分的关系。在西方特殊的以宗教文化为主的历史条件和语境下，诞生了为资产阶级服务的多元主义

[①] ［美］珍尼特·登哈特、罗伯特·登哈特：《新公共服务：服务而不是掌舵》，丁煌译，中国人民大学出版社2011年版。

等相关理论,强调政府与社会的割裂,这与中国截然不同。在中国,强调和谐、团结,自古以来国家、社会、政府自然而然融合一体,而不是像西方一样强调国家、政府与社会的分割、分离和分立。

第三,传统思想意识不同。西方国家在近几百年的发展史上,因为宗教的压制和束缚,爆发过长期、血腥、残忍的宗教战争,西方人由此对自由的理解带有很大宗教色彩。在这种因素的基础上,近代西方思想家兴起,提出了自由主义、个人主义等意识形态,并成为后来西方社会的主流思想。中国历史传统上对宗教持宽容态度,尊重个人权利,较少出现因宗教问题而爆发波及全国范围的战争和动乱的情况。人们在政治理念上追求大同社会、集体进步和发展。马克思主义思想中的许多因素与中国传统思想不谋而合。例如,天下为公的大同社会理想与共产主义理想,贫富有度、天下同利的主张与实现共同富裕的社会主义目标,民为邦本、以政裕民的"民本"理念与马克思主义群众观,都包含了较大的契合相通之处。在马克思主义中国化的过程中,"全心全意为人民服务"成为中国共产党的宗旨和党员干部的应然价值追求。

上述社会形态、政治制度和思想传统的中西差异,决定了中国在干部动员机制的主体、方式、指导思想和制度结构等方面,需要做出自己的思考和探索。在此背景下,各个地区对于干部动员机制的探索尤显重要和可贵。

二 "大赶考"的策略性理论突破

脱胎于实践问题的新时代"大赶考",通过自我探索破题,创新了原有的干部动员策略,其实践创新也带来了一些理论方面的突破。

（一）干部动员相关理论反思

结合对于相关理论的思考，新时代"大赶考"类似机制背后是对既有理论认识的反思，这些反思至少包括如下几点。

第一，"经济人"并非干部的主要和唯一特性。公共选择理论将公务员作为"经济人"进行考察，这对行政管理的理论和实践都带来了巨大的影响。但是，通过对景宁"大赶考"机制中涌现出来的案例进行分析，就会发现有很多干部并未将自身利益作为主要的衡量标准。例如，在干部访谈的过程中，某干部说："我们可以像以前一样，完成任务，照拿奖金。但如果那样，十年以后，景宁还是今天的样子。"还有的干部说："我们现在为什么这么努力工作？因为这是关系到景宁子孙万代的事业。"很明显，还有很多干部像他们一样，在"大赶考"中选择离开舒适区，选择在为人民服务的事业中实现自己的价值，这是一个"经济人"永远不可能做出的选择。新时代"大赶考"类似机制都是对干部做"经济人"假设的重新反思和匡正。

第二，市场机制并非天然比行政机制更有效率。西方行政管理体制改革总是倾向于采用市场的方式来改造政府，其基本假设就是相信市场机制比行政机制更有效率，可以在更低成本的基础上提供更完善的公共产品。然而，"大赶考"并未采用任何市场机制，同样激发了干部们的工作积极性。这说明，很多情况下，行政机制的内在效率并不比市场机制差。造成这种错误印象的原因可能是行政机制比市场机制具有更强的惰性，总是更加倾向于放慢速度，原地踏步。但是，只要采取了正确的、全面的督促激励方法，行政机制就能克服这种惰性，高效地运转起来。

第三，管理技术不断加强并不意味着政府效率的提高。正如前文所指出的，类似于绩效考评这样的管理技术没有进一步细化的必要。以景宁"大赶考"为例,县领导班子对于新出的考核指标提出了只减不增的要求。2019 年,丽水市对各县的考核指标有 132 项,但是景宁县对下级的考核由 2018 年的 34 项减少至 2019 年的 32 项,指标减少但是工作成绩仍然很突出。这至少说明,在达到一定数量之后,考核指标的增加与效率的提高并非正相关。真正的考核往往是简洁而有效的,过于烦琐的考核指标往往降低了效率,更凸显了设计人员的教条、失职和无能,可以称为考核指标数据的"原教旨主义"。

"人"才是工作的核心,技术是辅助手段。今后政府行政管理改革的目标需要从管理技术的完善转移到对干部潜力的挖掘上来。

(二)"大赶考"机制实现策略性理论突破的模型分析

基于对相关理论的重新反思、厘清认识,以及对于中西干部动员的背景与机制比较,我们发现,景宁探索的经验在一定意义上提供了一种干部动员的地方化模型。干部队伍作为基层社会治理的主导性治理主体,在有效动员机制促动之下能够展现并完善治理能力,整体推进基层社会治理现代化,这为我国基层治理提供了宝贵的经验。

将景宁经验分别与新公共管理理论和新公共服务理论之中有关干部动员的要素比较,不难看出景宁"大赶考"机制在制度理念、内容、目标和方式等方面的独特性。

表 5-1　　　　　　　　　干部动员相关模型比较

	景宁探索	新公共管理	新公共服务
工作内容	内生需求	顾客需求	公民需求
目标	干部动员	政府效率	价值与权益
方法	督促—激励机制	企业与市场	服务与协商

表格来源:作者自制。

"大赶考"的工作内容,是需要党员干部在党和政府大政方针的指导下,结合自身特点和人民群众的切实需求来形成。相比新公共管理的"顾客需求"存在以私人利益遮蔽公共利益的危险,新公共服务的"公民需求"存在以短期利益遮蔽长期利益的危险,"大赶考"中党员干部给自己定下的工作目标则更加实际且全面。

"大赶考"的工作目标,是让党员干部充分动员起来,发挥自身的工作积极性。新公共服务理论重视的价值与权益实际是对新公共管理理论只重视效率的纠正,它基于西方国家的多元主义而提出,不适合中国政府基层治理的实践。"大赶考"以干部动员为支点,发挥党员干部积极性,不但有助于提高政府的治理效率,还有助于推动党员干部践行党和政府为人民服务的宗旨。

上述工作内容和目标决定了"大赶考"的工作方法同时具有督促和激励机制。督促机制让干部上得去,也下得来;激励机制同时兼顾物质激励与精神激励,同时发挥了物质激励动员和意识形态动员的效果。新公共管理和新公共服务所提出的企业与市场、服务与协商的方法在中国很多地区难以实现,因为中国各地所处的发展阶段各不相同,政治制度的成熟程度和市场经济的发展阶段都不一样,每一地区所在的治理主体在数量、类别上也各异。"大赶考"针对干部这一治理主体,一改单一的物质激励措施,引入了督促机制和意识形态动员,尤其是意识形态动员,通过激发干部的荣誉感、责任感和使命感,大大提升了干部的工作积极性。这是在西方治理理论和实践中都鲜见的具有中国自身特色的干部动员思路。

三 "大赶考"之后的扩展思考

跳出"大赶考"看新时代干部队伍建设乃至干部动员相关制度

创新，至少有下述两个方面的问题引发深思。

（一）理想干部动员机制的可能性探讨

理想的干部队伍建设制度究竟该如何构建？

在当前发展阶段，政府对于地方发展的重要性不言而喻，该种重要性又集中落在干部队伍身上。人们常常担心的是政府行为的短视、自利和本位主义，常常诟病的是政府机构的臃肿低效和公职人员的自利寻租。因此，政学两界一直心心念念，从未停止过努力探寻能够真正激发干部队伍工作主动性、积极性的干部队伍建设制度。现实很骨感，能符合上述要求、达到上述预期效果的干部队伍建设制度，建构难度很大。

可喜的是，新时代"大赶考"对此做出了非常大胆又初具成效的一步尝试。"大赶考"类似机制帮助促动涌现出一大批工作亮点和标杆，也不断激发出一大批有战略考量的、有全局发展眼光的发展思路和想法。亮点和标杆是针对工作质量而言，更多地体现阶段性的成效和进步；战略考量和全局思路则是着眼历史维度和未来展望，对于政府工作改进还是干部发展都更加长远和珍贵，对于一个地区的经济社会发展和人民生活更是一种福祉。

习近平总书记曾在2018年全国组织工作会议上指出，要打造一支忠诚干净担当的干部队伍。原来的考核机制过分强调管理技术，把干部视作"理性人"或"科层人"，造成"政绩锦标赛"，很多干部办事唯考核而不唯实，完全失去了政治担当。景宁的探索，则意味着新时代下的"大赶考"不是"政绩锦标赛"，它实现了对于既有理论的策略性突破，用实践证明，市场经济条件下，锻造这样一支干部队伍是完全可能也是可行的。

首先，要树立在市场经济条件下打造忠诚干净担当干部队伍的信心。原来很多干部考核机制照搬西方新公共管理理论,过多强调管理技术,把干部视作"理性人",造成"政绩锦标赛",对政治体系造成危害;按照科层制理论,干部属于"科层人",不同于"理性人",仅仅在权责规定范围内行事,个人免责优先。因此,无论依循理性"经济人"逻辑还是依循"科层人"假设,要打造一支具有强烈使命感的干部队伍都是不可能的。但事实证明,"大赶考"做到了。通过抓大项目换取政绩可以成为景宁干部的一项选择,但是景宁的领导干部"志不求易、事不避难",选择了解决激励干部担当的难题。这一信心,来自改革开放四十年的历史,更来自新时代"大赶考"机制的成功实践。"大赶考"机制的实施,不仅规避了"政令不出中南海"、消极执行甚至曲解上级政策意图和变相执行的动机,相反还促动干部主动了解上级政策和思路,并和人民群众的诉求和本地实际结合起来。

其次,要有顶住各方压力,勇于破解难题的决心。"大赶考"机制并非一开始就受到所有干部的拥护,对上要面对体制内的上级部门考核和问责压力,对下要面对基层干部的不理解、不配合。县域熟人社会的牵绊,一些老干部对新机制的议论和质疑,都有待"志不求易、事不避难"的决心和敢于全面深化改革的勇气去面对。为了实现对广大党员干部的动员,景宁的领导干部坚决顶住压力,说情面前不松口,威胁面前不动摇,不达目的不罢休,现在成功破除了当地广大党员干部的依赖思想,激发了他们的工作积极性和创新性。

最后,还要有体悟干部群体的慧心。慧心首先体现在动员机制本身的设计是否巧妙,能否想基层干部之所想、急基层干部之所急。"大赶考"机制通过科学定标立志、公开决心许诺、健全配套落实和述考结合以干定绩的制度设计,全面考虑了地区发展诉求和发展实际、干部能力状况和自身发展需求。慧心也体现为持续改进机制的耐心。景宁领导层广泛听取各方意见,对"大赶考"的机制进行多次完善,方能最终形成"大赶考",能够容纳干部不同类型、不同时长的目标,而且还能对其做出科学的考核评价。慧心还体现在容纳多类群体参与的开放心态。"大赶考"机制容纳了各级党员干部、"两代表一委员"、村民代表、媒体等多类群体的参与,包含了旁听、评分、提出意见建议、将工作融入"赶考"机制运行等多种参与方式,尤其是动员了上至县级主政干部、下至村级党员干部的几乎全域内所有党员干部,参与"赶考"机制的设计、运行、评估、反馈和改进等各个环节,其开放式和包容性也让这类制度有了持续自我更新的生命力。

撇去理论意义,用上述信心、决心和慧心打造出一支相对理想的党员干部队伍,以此推动社会治理效能,当属新时代"大赶考"的最大实践财富和精神价值。

(二)干部动员机制创新的可持续性探讨

一项制度创新的可持续性生命力究竟在哪里?

一个地区的发展方向和发展状态,主政领导的思路起到了非常重要的影响。"大赶考"机制从干部队伍入手,在景宁本届县委、县政府的坚强领导下推出并实施,给景宁当地发展带来了十分正向的推进作用。

按照仕优则迁的习惯性做法,政绩优秀的领导干部往往在一个地方干不了多久,后续等待他们的不是调动就是升迁。无论这于他们孰好孰孬,对于原来主政地区而言则增加了制度不稳定的风险。以"大赶考"机制为例。它极大地激发和调动了当地干部群体的主动性积极性,一扫政府机构"慵、懒、散"的积弊,但同时也让干部群体感到前所未有的压力,这种压力不仅来自身体的疲累,也来自心理方面的紧张与不适。从年初到年末,类似"大赶考"的制度设计让干部一年到头都处于紧绷的状态,不能也不敢松懈。从为人民服务的公仆宗旨和中国共产党时刻不忘初心、担当的使命感考察,这样的制度设计不但无可非议,而且在当前十分必要;从干部群体的自身发展和干部个体的身心健康考察,这样的制度设计是阶段性的,其后期的应用和发展需要持续做出调整,否则可能面临人来政改、人走政息的囧境,而欲阻止这一囧境的出现,依然离不开主政领导的意愿和决心。

所以,"大赶考"等干部队伍建设制度的创新,其可持续性的生命力有赖于制度设计中增加对于干部人群的身心考量要素,也有赖于其他治理主体尤其干部群体本身在制度调适过程中的民主参与程度。

附录一 "大赶考"持续催生工作亮点[①]

"大赶考"机制的实施,从找准动员主体入手,通过动员一个治理主体,带动周边其他治理主体的能力提升,从而全面提升全域治理效能。这种激发主动谋划、积极参与治理的方式,必然涌现出大量的工作亮点。

在景宁,有"大赶考"之前就比较出彩的工作,在参与"大赶考"之后,知名度、美誉度提高,工作视野更加开阔,比如教育工作、"政银保"精准扶贫工作;也有"大赶考"之后,需要破解难题、更加敢于向"急、难、险、重""开刀""亮剑"的工作,比如全域景区化工作、域外网格管理工作等;有原本就在地区发展中占据重要地位,需要持续改进、防微杜渐的工作,比如生态环境整治工作、森林虫病防控工作;也有地区发展转型亟需的工作,比如"景宁600"生态农业工作、"三飞"经济工作等;有"大赶考"机制下,敢于结合本地区特点,从全域出发布局提升地区发展战略的工作,比如城乡融合试点工作;也有从实体和机制入手,转变思想理念、加强队伍建设的党建工作,比如党建服务中心工作、党建绩效评审工作和政治生态评估工作。

[①] 本部分涉及的数据主要由景宁赶考办于2019年10月提供。

我们惊讶的是,一个一度偏安一隅的欠发达山区,在"大赶考"机制实施以后,当地的治理竟然能够得到如此大的改观,并且能够有此多的治理创新随之推出。"大赶考"机制下,干部在干中学、学中干,从基层治理的实际出发,大胆破题,主动谋划,不断涌现出不同层次和领域的工作亮点。

以下主要撷取了自"大赶考"实施以来,景宁干部在全面提升县域工作过程中产生的几大工作亮点。它们也许无法代表"大赶考"实施以来产生的所有亮点,也未必是"大赶考"机制出台后才树立的"赶考"标杆,但是它们显著反映了"大赶考"机制给当地党员干部带来的变化以及给县域治理带来的变化。

一 勇当全国民族地区城乡融合发展改革探路者

景宁作为全国唯一的畲族自治县和华东地区唯一的民族自治县,近年来,民族特色日益彰显,改革经验不断积累,生态质量持续领跑,与全省发展水平逐步缩小。然而,作为民族自治县和山区县,景宁经济基础薄弱、空间格局分散、人口外流等制约因素不断加大着城乡融合发展难度。

"大赶考"下的景宁,聚焦聚力在全国民族自治县中继续走在前列、与全省同步高水平全面建成小康社会两个"坐标轴"目标,先行先试,全县干部上下一心、"赶考"奋进,深入研究和谋划推进全国民族地区城乡融合发展试点改革,力争为全国民族地区城乡融合发展提供典型示范和经验借鉴。

(一)工作背景

党的十九大报告提出实施乡村振兴战略,指出要建立健全城乡融合发展体制机制和政策体系，加快推进农业农村现代化。作为全国唯一的畲族自治县，景宁的发展备受习近平总书记关爱。2009年，习近平总书记对景宁提出"努力在推动科学发展、促进社会和谐、增进民族团结上走在全国民族自治县的前列"殷切勉励。近年来，景宁坚持以城带乡，深入实施城乡统筹、新型城镇化、美丽乡村建设等战略部署，有力推进了城乡协调发展，城乡差距逐步缩小，城乡面貌焕然一新，全面小康步伐不断加快，综合实力跃升至全国120个民族自治县（旗）前列。2018年5月，全国民族自治县全面建成小康社会经验交流现场会在景宁召开，相关经验做法在全国民族自治地区推广。为进一步巩固近年来的发展成果，推动景宁在新的起点上实现高质量发展，大步伐赶超，景宁先行先试，深入研究和谋划城乡融合发展试点工作。

（二）工作谋划

各级各有关部门把城乡融合发展试点建设列入年度"大赶考"目标，扎实做好前期各项准备工作，主动向上争取关心支持。2018年10月，浙江省经济体制改革领导小组批复同意景宁进行民族地区城乡融合创新改革试点。2019年省委在全面深化改革工作要点中明确"支持景宁争创全国民族地区城乡融合发展试点"。在省委省政府、市委市政府的关心支持以及省发改委、民宗委等省级部门的鼎力支持和精心指导下，景宁积极向国家民委争取试点建设。全国政协副主席、国家民委主任巴特尔，国家民委副主任刘慧、赵勇等先后到景宁调研，指导民族地区城乡融合发展。2019年4月，国家民委贯彻中共中央、国务院《关于建立健全城乡融合发展体制机制和政策体系的意见》，批复支持景宁开展全国民族地区城乡融合试点建设。5月初，景宁委托浙江省发展与改革研究所编制试点方案，经过专题多方听取意见，易稿30余次后形成征求意见稿。8月1日，浙江省发改委、民宗委牵头在北京组织召开专家评审会，邀请国家发改委、国家民委和中央民族大学等单位的领导和专家参加，根据评审会意见修改后并征求了20个省级相关部门意见，形成了方案审议稿提交省委深改委审议。8月26日，浙江省委深改委第五次会议审议通过了《景宁畲族自治县全国民族地区城乡融合发展试点建设方案》，省委车俊书记要求景宁承担起改革主体责任，"大胆探索实践，全力打造经济繁荣、民族团结、人与自然和谐的全国民族地区"示范区。11月12日，景宁召开全国民族地区城乡融合发展试点建设动员大会，浙江省人大常委会党组副书记、副主任李卫宁，国家民委政法司司长宋全出席大会并讲话，试点建设全面铺开。

（三）工作特色

绘制"施工图"。印发《景宁畲族自治县全国民族地区城乡融合发展试点建设方案》，要求相关责任单位围绕试点方案，针对要素流动、产业发展、民族文化发展、基础设施建设、居民增收、生态产品价值转化、数字化转型等领域的试点任务制定出细化实施方案，绘制试点"施工图"，将试点任务落实落细落小落到位。

明确"责任图"。成立景宁畲族自治县全国民族地区城乡融合发展试点建设工作领导小组，下设8个专项组，每个专项组由一名县领导担任组长。将试点方案中8个方面30项重点任务细化分解成62项具体任务，每项任务都明确具体牵头单位、责任单位和责任县领导，形成县委改革办牵头抓总、发改局统筹协调、专项组分领域负责、牵头单位组织推进、责任单位具体实施的试点责任体系，有效推进试点建设。

细化"进度图"。坚持统筹把好试点工作节奏，按照三年分步走要求，各专项组、各责任单位明确三年试点期间各个领域各项任务各阶段任务，形成试点"进度图"，根据"进度图"跑表计时、到点验收。同时，建立季度例会制度，各专项组每季度召开一次试点工作例会，县委深改委每半年听取一次试点工作汇报，稳步推进试点建设。

编制"成果图"。三年改革试点，年年作总结，年年出成果，先磨珠再成链。在全面推进试点同时，选准最前沿且最符合实际的改革任务重点专项突破，总结阶段性的试点成果及时向国家民委和省委市委改革办汇报，持续推进试点建设。

（四）主要成效

试点开展以来，景宁坚持民族团结、以人为本、生态优先、集约发展、开放发展原则，大胆探索、改革创新，着力在资源要素、特色产业、民族文化、规划建设、公共服务、居民收入、生态价值、数字治理八大领域探索构建融合发展体制机制，取得了积极成效。**城乡重点改革持续深化**。完成全县行政村规模调整，行政村数由254个优化调整为136个；国家农村产权流转交易服务标准化试点高分通过验收；实现"县级一个中心指挥＋乡镇四个平台运行＋村社全科网格管理"社会治理模式，覆盖12个省18个景宁人相对集中地"域外服务中心"，形成"县内＋县外""网上＋网下"县域治理新格局；景宁列入国家农村儿童早期发展试点县等多项试点；县委荣获全国民族团结进步模范集体，在全国表彰大会上作交流发言；大均乡、东坑镇入选丽水市首批生态产品价值实现示范单位建设名单，大均乡成为丽水市首个乡级GEP核算试点。**城乡发展更趋平衡**。美丽城乡建设深入推进，城乡资源要素加快整合优化，城乡居民收入差距逐年缩小。2019年，全县城镇居民人均可支配收入40014元、农村居民人均可支配收入20005元，收入差距比缩小至2∶1，全县常住人口城镇化率54%。**城乡经济联动转型**。全域旅游破题起势，加快推进生态农业、生态工业建设，第一、第二、第三产业转型升级，融合发展，三次产业结构调整为9.3∶24.7∶66。全年实现地区生产总值69亿元，同比增长9.2%。未来，景宁将承担好改革主体责任，大胆探索实践，力争通过三年试点建设，形成一批符合新发展理念、具有景宁特色、适合在全国推广的城乡融合发展机制，全力打造经济繁荣、民族团结、人与自然和谐的全国民族地区示范区，争当全国民族地区城乡融合的典范和乡村振兴的示范。

二 好中求优，打造华东地区生态环境综合指标最优县

对于弱势，要补短，要寻找提升的突破口；对于优势，则要保持，更要让长处更长更稳固。"大赶考"机制激励下的干部队伍正是沿着这一思路积极谋划景宁发展。景宁位于浙西南山区，生态是景宁的一大特色优势。近年来，景宁以"大赶考"为载体，坚持像保护眼睛一样保护生态环境，推动生态环境质量持续实现好中更优，以生态环境综合指标最优的县（市、区）享誉"长三角"和华东地区。

（一）工作背景

习近平总书记强调，环境就是民生，青山就是美丽，蓝天也是幸福。提供更多优质生态产品以满足人民日益增长的优美生态环境需要，是新时代社会主要矛盾发生变化的现实要求，也是人民群众的热切期盼。进入新时代，生态文明建设提升到前所未有的战略高度。2002年，习近平总书记第一次到景宁调研时就指出："生态的

优势不能丢"，对于先天环境基础条件较好的景宁来说，生态环境质量"只能更好、不能变差"。

（二）工作谋划

景宁充分发扬"大赶考"精神，精心谋划，乘势而上，借用当地干部的表述，就是打好生态环境"一战役、两融入、三构建"的组合拳，争当全省高质量绿色发展的排头兵。

"一战役"，即坚决打赢污染防治攻坚战。一是打赢蓝天保卫战。深入实施蓝天保卫战三年行动计划，聚焦产业结构优化、能源结构调整、运输结构调整、工业废气治理、机动车污染防治、城市浊气治理、农村废气污染治理七大战役，全面提升空气环境质量。二是打赢碧水攻坚战。深入推进"五水共治"，重点攻坚"全域断面水质巩固提升、城区截污纳管、城市内河污泥浊水治理"三大任务，持续开展"污水零直排区"建设、美丽河湖创建等重点工作，确保全域断面水质持续向好，力争三夺浙江省治水最高奖"大禹鼎"。三是打赢净土攻坚战。深化落实"土壤法"和"土十条"，坚持"防、治、控"三位一体，保障土壤环境安全，管控土壤环境风险，积极推动重点行业企业用地土壤污染状况调查、重点污染地块风险管控、化肥农药持续减量等各项工作。四是打赢清废攻坚战。全面开展固体废物大排查大整治专项行动，严厉打击固体废物倾倒等违法犯罪行为，消除固体废物环境风险隐患。深入实施"危废清零"行动，加强危险废物规范化管理，执行危险废物转移审批和联单制度，实现危险废物全过程监管。

"两融入"，即融入两个大局。一是融入全面深化改革大局。将生态环保改革事业放在全县改革大局中思考谋划，部署和落实一批力度大、举措实的生态文明建设改革任务，推进生态文明各项制度有效衔接，深入实施环评审批"最多跑一次"改革、"区域环评＋环境标准"清单式管理改革，夯实改革配套支撑，确保改革实效。**二是**融入高质量绿色发展大局。始终保持生态优先、绿色发展的战略定位，全面贯彻新发展理念。聚焦聚力"生态＋"融合发展，立足生态优势，推动生态和发展紧密结合，以生态促发展，以发展促生态，持续扩大生态比较优势，做大做强生态资本，不断催生新的经济增长点，积极探索生态产品价值实现机制。

"三构建"，即构建生态环境三大体系。一是构建现代化的生态环境治理体系。坚持系统治理、依法治理、综合治理、源头治理，进一步完善以政府为主导、企业为主体、社会组织和公众共同参与的多元主体环境治理格局，大力推行第三方治理。不断完善生态环境法治体系，健全生态环境保护行政执法与刑事司法衔接机制，健全环境公益诉讼制度。不断完善环境监管监测体系，推动环境治理数字化转型。二是构建全方位的生态环境制度体系。落实"三线一单"管控制度，加强生态环境空间管控。整合衔接环评审批、环境信用、污染源监控、执法监管等环境管理制度，出台全县生态环境保护联席会议、县城饮用水水源地生态补偿、生态环境损害赔偿等系列重要制度。健全治水治气治土治废长效机制，推行污染防治联防联控联动。三是构建无死角的生态环境责任体系。以中央环保督察为契机，推动部门生态环境保护工作规定和职责清单落地实施，形成"党政同责、一岗双责""管发展必须管环保、管生产必须管环保、管行业必须管环保"的工作责任体系。全面形成以改善生态环境质量为核心的目标责任体系，完善生态环境状况报告、督察、约谈、问责等制度。

（三）工作特色

坚持"大赶考""跳起来摘桃子"立志准则，拉高标杆。一是力夺浙江治水最高奖"大禹鼎"。自2017年浙江省开展剿灭劣五类水以来,景宁自我加压,提出全省最高标杆,全域基本剿灭Ⅲ类及以下水体。三年来,景宁共投入"五水共治"重点项目资金10.2亿元,完成治水项目41个,完成1个工业园区、2个生活小区和2个镇的省级"污水零直排区"建设任务;成功创建3条省级"美丽河湖"。不断推进河湖长制建设,设立县、乡、村三级河长共277名,电子化巡河率达100%。不断夯实治水基础设施建设,建成外舍污水处理厂,城镇污水处理率96.7%,运行负荷率83.9%,新建、改造雨污管网共43.8公里。目前,景宁全域Ⅰ、Ⅱ类水体占比达98%,连续两年夺取"大禹鼎",全面完成标杆创建任务。**二是努力实现空气质量优良率100%**。集中开展工业废气、城市浊气、农村烟气"三气"综合治理,关闭淘汰"低小散"企业49家,整治VOCs"散乱污"企业6家,淘汰改造燃料锅炉41台。在丽水市率先开展餐饮油烟整治,通过"以奖代补"政策,完成全县214家餐饮单位油烟整治。建立秸秆禁烧网格管理机制,结合"景宁600"基地建设探索秸秆利用新方式,建成生态循环示范基地100多亩,以及一座年收储能力5000吨的生态有机肥站场,目前农作物秸秆利用率达到93.5%。扎实开展扬尘综合治理专项行动,落实治理长效机制。2018年成功创成"中国天然氧吧",2019年全县空气质量优良率达到100%。

坚持"大赶考"创新实干要义,强调立制、改革与转型。一是构建最严格的生态环境保护制度。在全市率先出台生态环境保护工作联席会议制度,基本建成一套"反应迅速、牵头有力、分工明确"的生态环保工作推进机制。在全市率先出台县城饮用水源地生态补偿机制以及配套的3个考核补助细则,每年安排180万元专项资金用于水源地保护考核补助,提升水源地周边群众环境保护积极性。

二是推动生态环境保护重点改革。扎实推进环评审批"最多跑一次"改革,环评审批服务全面优化升级,生态环保方面70个行政权力事项全部实现"跑零次",2017年来共办理环保方面行政许可事项280件,项目环境影响报告表审批降为登记备案210件。完成1个省级产业集聚区和1个省级特色小镇的"区域环评+环境标准"清单式管理改革,目前已有11家企业享受此项改革红利。**三是推动生态环境治理数字化转型。**以丽水市"花园云"智慧监管平台建设为抓手,投入资金300余万元,提升改造污染源在线监控系统,目前基本建成县城集中式饮用水水源地、污水处理厂、规模畜禽养殖场、重点排污企业、乡镇重点流域小溪汇入口等200余个监控点位,以及5个高空瞭望"生态天眼"的智慧监管平台,实现全县重点污染源在线监控全覆盖。

坚持"大赶考"事不避难精神,严格监管。一是严格生态环境准入把关。建立空间、总量、项目"三位一体"环境准入制度,按照全县"三线一单"管控及环境功能区划要求,进一步优化空间布局,2017年来景宁生态保护红线占比由原来的30.7%增加到38.4%。综合考虑全县经济发展和环境承载能力,对不符合相关规划、产业政策、环境功能区划、总量控制和达标排放要求的建设项目坚决不予审批。近三年来,景宁共否决不符合环保要求的项目20余个,其中因生态红线问题否决5个。**二是全面强化环境行政执法。**始终保持环境执法高压态势,聚焦"五水共治"、大气污染防治等重点领域,高强度开展治水治气治土治废专项行动,强化污染防治设施监督检查、污染源监督管理和环保"三同时"检查,重点打击偷排偷放、不正常运行治污设施等违法行为。2017年以来,景宁县开展各类执法行动2234次,检查企业1570家,立案查处42家,行政处罚41家,移送公安案件4起,行政拘留4人,共罚款109万元,解决群众反映强烈的环境问题227个，处置率达100%。同时，坚持在监管中服务，在服务中监管，不搞"一刀切"，为企业绿色发展创造更大空间。

（四）主要成效

自"大赶考"以来，景宁县生态环境质量持续稳步提升，生态文明建设走在全省前列。**空气环境方面**，2017—2019年，县城空气质量逐年提升，空气质量优良率从97.4%提升到100%，PM2.5均值浓度从30g/m³下降至22g/m³，下降幅度26.7%，其余各项污染物指标均明显降低。关于空气污染的信访投诉量下降41.2%。**水环境方面**，2017年以来，全域断面水质全部达到Ⅱ类及以上。城市水质指数稳居全省前列，其中2017年水质指数位列全省县级第一。2017年以来共获得出入境水质生态补偿奖励约4.9亿元，约占浙江省绿色发展财政奖补总额的67%。2017—2018年，连续两年夺取浙江省治水最高奖项——五水共治"大禹鼎"。**生态创建方面**，2016年通过国家生态县考核验收，列入国家重点生态功能区，2017年成功创成省级生态文明建设示范县，2018年启动国家生态文明建设示范县创建工作。目前，累计建成国家级生态乡镇10个、市级以上生态村254个（达到100%全覆盖）、省级绿色学校9座。2016—2018年，生态环境质量和"五水共治"公众满意度连续三年位列浙江省第二；2018年全县绿色发展指数排名浙江省第六，其中环境质量指数全省第一，生态保护指数全省第三；2019年，"五水共治"群众满意度跃居全省第一，景宁生态环境质量首次实现"4个100%"，分别为：空气质量优良率达到100%、全域断面水质Ⅱ类以上占比100%、土壤安全地块利用率达100%、固体废物处置率达到100%。

三 全域景区化,"小山城"变身民族风情特色园

在"大赶考"的引领下,景宁把旅游业作为第一战略支柱产业来打造,充分发挥生态和民族优势,坚持全域景区化理念,积极推动全域旅游发展,加快打造民族风情特色园。

(一)工作背景

景宁地处浙西南山区,九山半水半分田地貌,使景宁发展生态农业"心有余而地不足",发展生态工业"心有余而技不足"。近年来,县委县政府立足景宁实际,提出把旅游业打造成第一战略支柱性产业的战略举措。随着生态文明建设的推进和旅游产业自身的迭代更新,景宁真山真水的价值逐渐显现,发展全域旅游恰逢其时,成为打开"两山"新通道的一把"金钥匙"。

(二)工作谋划

志不求易者进,事不避难者成。"大赶考"工作启动之初,县委县政府主要领导对旅游部门的主要负责人提出:"利用三个月时间,谋定下一阶段我县全域旅游的发展思路,尽早确定我县全域旅游的引爆点和突破口。"旅游部门主要负责人带头上山下乡摸清家底,盘点全县旅游资源;请进来洽谈、走出去招商,开阔眼界借力发展。针对景宁缺乏核心龙头景区的发展短板,以"跳起来摘桃子"的决心,提出"招大引强不放小"的招商思路,明确"打造成为全国民族自治县全域旅游发展的标杆和典范"的发展目标。立下"军令状",全体干部苦干实干,通过 2017 年思路谋划、2018 年项目招商、2019 年项目落地,在景区改造升级、旅游项目招商、旅游服务

品质提升、旅游市场开拓等方面下苦功出成效，全域旅游破题起势。

（三）工作特色

全域谋划，优化全域旅游发展布局。一是高规格成立全域旅游工作领导小组。由党政主要领导任组长，设立常设机构"全域办"，促进15个专项组、40多个单位协同联动，将全域旅游及创建工作纳入"志不求易、事不避难"创新实干大赶考综合考核，构建全域旅游工作新体系。二是高起点编制《景宁畲族自治县全域旅游实施策划》。按照全域旅游发展谋划，加快推进千年山哈宫、东弄畲家田园综合体、凤凰古镇、东方城市综合体、山哈大剧院、三月三广场等一批重点旅游项目建设，推进"那云·天空之城""李宝畲王寨""惠明禅茶文化产业园"等项目落地，旅游景点建设全面铺开。"一城四区"（县城AAAA级景区、环鹤溪畲族文化体验区、大东景生态养生区、千峡湖运动休闲区、西部乡愁体验区）的全域旅游空间布局全面形成。三是高标准打造旅游发展平台。制定《关于加快支持全域旅游发展的若干意见》，每年设立5000万元旅游发展专项资金用于全域旅游发展。2018年，与排行全国旅游20强之首的香港中旅国际投资有限公司签约成为战略合作伙伴，开启了"全旅通"全域旅游推进模式。2019年，与上海市静安区建立友好合作关系，架设起"山海协作"、向海发展的大桥梁大通道。

全景打造，建设美丽宜居花园城镇。近年来，景宁坚持基础配套优先建设，城乡环境面貌持续提升。在县城，按照"城即景、景即城"的发展理念，大力实施城市形象提升工程，推进城区立面改造、桥系景观改造、滨水景观改造、休闲绿道建设、城市展览馆、畲族博物馆、图书馆、体育中心、医疗中心、城市公园、旅游公厕等建设，成功打造全省首批、全市唯一的AAAA级景区县城。在乡村，配套完善基础服务设施，以顶格标准推进"三改一拆""五水共治""六边三化三美""垃圾革命""厕所革命"和"千村示范、万村整治"等重点工作，努力打造环敕木山十大畲寨、渤海安亭、郑坑吴布、大均李宝等一批具有浓郁民族风情和文化特色的畲村畲寨景区。同时，推进"万村景区化"，累计创成省级 AAAA 级景区镇 1 个，景区村庄 71 个，其中 AAA 级景区村庄 8 个，实现了景区县域全覆盖。乡乡有景区，乡乡有特色。

全业融合，培育旅游产品新业态。做足"旅游+"文章，培育发展旅游新业态。**文旅融合方面**，深入挖掘各类畲族文化元素，将吃乌饭、唱山歌、跳民族舞蹈、喝山哈酒等各类活动融入休闲旅游之中；《印象山哈》《畲娘》等民族风情旅游演艺频获点赞；畲族民歌、畲族"三月三"、畲族婚俗等国家级非遗代表性项目享誉中外；"乡村春晚""一乡一品"文化旅游节庆竞相绽放。**农旅融合方面**，大力发展农业生态观光游、农事体验游、果蔬采摘游等旅游新业态，不仅催生了桃源水果沟、白鹤畲家四季农耕园、金丘花海等一批农旅融合景点，还出现了如"采摘经济""花海经济""咸菜经济"等新兴旅游经济模式，"惠明茶""云顶鸡""葛山桃"等生态农产品产销两旺。**红旅融合方面**，围绕弘扬践行浙西南革命精神，深入挖掘红色文化、慈孝文化、乡土文化、民俗文化，推进产业建设，做好红旅融合文章，打造毛垟红色教育基地、梅岐党风廉政教育基地、家地红色坪坑旅游等特色文化村，"红+畲+绿"体系快速发展。**体旅融合方面**，依托山水资源优势，将"山水运动"作为特色品牌进行重点打造，通过推出特色运动休闲基地、运动休闲新线路和精品旅游赛事活动，实现产业化发展。近年来，成功举办"中国畲乡国际铁人三项赛""游泳赛""彩虹跑"等大型体育赛事，打造了国际教练搜救联盟培训基地，秋炉乡运动小镇成为省级典型，实现了

"一日比赛，多日停留；一人参赛，多人旅游"的生动实践。

全民共享，提升全域旅游接待服务。立足游客体验，以"互联网+"大数据为核心，建成全市第一座集"吃住行游娱购"于一体的景区化全域旅游服务中心。**吃**，整合了千年畲族经典饮食文化，推出的"畲家十大碗""畲乡十小碟"和中国"好畲"系列特色产品，备受欢迎和好评。**住**，全县运营星级酒店4家、床位751张，市级农家乐综合体5个，民宿农家乐集聚区13个，星级农家乐民宿319家，浙江省白金级民宿1家（如隐·小佐居）、金宿2家、银宿5家。**行**，高度重视通景公路和健身道路建设，景文高速、"235"国道溪口至澄照段等通景公路建设项目全面加快，大均绿道成功创建国家级水利风景区，云寿线"花海耕织·廊桥驿梦"风景线和云景高速景宁入城口成功入选省级精品示范道路和精品示范入城口，交通基础设施短板不断补齐。**游和娱**，在注重民族风情游的基础上，积极发挥生态和地方民俗文化优势，打造了一批"生态康养""红色教育""马仙信俗"等门类健全、功能多样的景区，以及畲族研学游、红色文化游、民俗体验游、畲族风情游等精品旅游路线。**购**，完成中国"好畲"系列等商标注册保护，创建4家星级购物场所，"畲家十大碗""英川粉皮"成功打开市场，"畲祖烧"、金奖惠明茶、"畲彩蓝缬"等商品入选中国民族特色旅游商品，建成"景宁600"农产品展销中心，加快农产品旅游地商品转化，累计实现销售额9.18亿元。

全程营销，打响畲乡全域旅游品牌。从全县的高度，树立统一的营销方案，构建特色景区和度假区的营销推广平台。**开展节庆展会营销**。深入挖掘畲族文化和地域特色文化，创新办节模式、拓展节会主体，精心打造"中国畲乡三月三"。按照春、夏、秋、冬四季，构建"风情景宁""清爽景宁""丰收景宁""年味景宁"旅游节会活动体系，把畲乡景宁的人文、山水和特色产品不断推向旅游市场。**开展媒体推介营销**。通过央视《朝闻天下》、浙江科技教育频道等各级媒体向全国展示景宁独特的生态美景和畲族风情。制作宣传片《中国畲乡凤凰家园》以及电影《山哈女友》，通过互联网平台广泛传播。利用微信、旅游官方旗舰店、淘宝店等新媒体平台进行旅游推介营销，构建起更加全面的旅游营销渠道。**开展精准对接营销**。组织涉旅企业前往上海、苏州、杭州、台州、福州等多地进行旅游营销推介，不断提升畲乡旅游品牌的知名度和市场影响力。

（四）主要成效

在创新实干"大赶考"机制的激励下，景宁的全域旅游已破题起势，迸发出蓬勃生机，各个都是旅游部门，人人都是旅游形象，处处都是旅游环境的思想观念深入人心。

旅游综合实力大幅提升。全域旅游正成为驱动景宁实现乡村振兴发展的"文化密码""生态引擎"和"打开模式"。目前，全县有国家AAAA级景区2处，国家AAA级景区1处，省级旅游度假区1处，省级风景名胜区1处，省级非遗旅游景区4处，省级生态旅游区1处，省级旅游类产业融合示范基地8处。先后荣获国家卫生城市、国家生态县、省级生态文明示范县、省AAAA级景区城、省级全域旅游示范县等金字招牌，"诗画畲乡·和美景宁"旅游目的地品牌影响力不断提升。

群众致富道路越走越宽。景宁在培育全域旅游过程中，依托农村独特的乡土文化资源和生态资源，积极发展乡村旅游，打造"一村一品"的农家乐特色村、民宿特色村、旅游精品村等示范村，促进农民就业创业，形成宜居、宜业、宜游的美丽乡村特色品牌。例如，大均景区周边的民宿业，通过精品示范带动、奖补政策驱动，推动传统农家院逐步向高端精品民宿转型，成为群众增收致富主产业。目前，大均"畲乡之窗"景区周边发展民宿农家乐58家，餐位3000余个，床位529张；其中精品民宿占全县比重达50%，云鹤水岸、宿叶一期分别获评金宿、银宿级民宿，伏叶村先后获评"浙江省特色农家乐示范村""浙江省特色旅游村"。

"诗画畲乡"名声日渐响亮。景宁依托国家AAAA级景区城和全域旅游示范县两大创建，谋划确定"古老风情的奇妙体验"旅游形象定位，全面发力，多点突破，形成了资源有机整合、产业融合发展、社会共建共享的工作格局，大大提升了"诗画畲乡·和美景宁"的影响力。2019年，景宁非遗与旅游融合发展典型案例作为浙江省唯一代表，受文化和旅游部邀请在全国专题培训班作经验交流，并获点赞。

四 "景宁600"开辟山区生态农业富民路

近年来，景宁依托山区生态优势，以海拔600米这一亚热带地区冬季雪线地理分界线、畲乡特色人文地理分界线为界，成功打造"景宁600"区域公共品牌，为全县生态农产品搭建产销一体化服务平台，助推农户"小生产"对接"大市场"，加速推进生态农业高质量发展。

（一）工作背景

景宁是典型的山区县，全县80%的人口是农村人口，农业历来是农民赖以生存的命根子，大部分农民守着土地靠天吃饭。近年来，当地县委县政府积极推进农业转型升级，提出大力发展生态农业。随着丽水市政府打响"丽水山耕"这一全国首个地级市农产品区域公共品牌，景宁认识到农业品牌化发展的重要性。2017年"大赶考"后，景宁提出了打造"景宁600"区域公共品牌，率先在全市探索"丽水山耕＋景宁600＋X"的母子品牌体系，发展"海拔经济"，推进农业供给侧结构性改革，构建具有畲乡特色、山区特点，有一定规模又能兼顾小农生产的"景宁600"现代精品生态农业体系。

（二）工作谋划

"景宁600"概念的提出，是基于600米海拔的优势。600米海拔高度是影响农产品品质的一条自然地理分界线。600米海拔以上地区存在着光照、降水、昼夜温差等明显的自然环境优势，生产的高山农产品，品质佳、口感好、安全性更高。600米海拔高度也是一条独具畲乡特色的人文地理分界线。景宁畲族同胞大多居住在海拔600米以上的山区。600米海拔高度还是一条县域内部差异明显的经济地理分界线。据统计，全县60%以上的村庄位于海拔600米以上山区，这些村庄外出人口多，"空心化"现象明显。

在"大赶考"机制促动下，景宁干部尤其是农口干部们持续推进"景宁600"区域公共品牌建设。2017年初，"景宁600"富民强村工程现场推进会召开，对"景宁600"产业发展做出全面部署，成为全县百日攻坚大会战"十大战役"第一战。同年4月，举办寻找畲乡好食材暨"景宁600"品牌发布会，对外宣传推广。2018年，制定出台《乡村振兴"景宁600"产业富民工程三年行动计划》《景宁畲族自治县农业产业扶持政策》等文件，力争三年建成"景宁600"生态基地10万亩，实现"景宁600"高山品牌农业产值15亿元，让"山景"带来"钱景"。同年，承办丽水市农业局局长会议暨"600"产业发展现场推进会；组建成立"景宁600"生态精品农产品营销联盟；成功注册"景山宁水600"商标。2019年，全面打响"景宁600"产业提标增量攻坚战，围绕重点产业扩量、建立示范典型、拓展销售渠道、完善品牌标准等开展百日攻坚大会战，着力提升"景宁600"农产品的质量安全水平和品质。

（三）工作特色

把握促进"景宁600"增量提质的三个要点。在基地建设方面，打造标准化的生态茶园、放心菜园、精品果园、特色菌园、道地药园、绿色畜牧园等示范引领基地，推广茶园养羊、稻田养鱼、茭田养鸭、林下种药等共生经济模式，明晰"景宁600"产业布局，培育特色主导产业。**在主体培育方面**，发挥互助联盟优势，鼓励小农户自发组建"资源互通、渠道共享、市场共闯"的"营销互助联盟"；发挥龙头企业带动作用，统一种苗、标准、管理、包装、销售；强化"农合联"集约力量，构建行业农合联。**在产品安全方面**，筹建"有机耕作者联盟"，加强农药化肥管控，建立"景宁600"准入标准。

优化提振小农户生产动能的四大服务。一是优化政策服务供给，制定出台"景宁600"产业三年行动计划，通过优化产业扶持政策、实施农民增收项目和建立小农户创业奖励等机制，降低投产门槛，鼓励小农户主动融入"景宁600"现代精品生态农业生产。**二是精准金融服务供给**，通过"政银保"小额贴息贷款项目、农合联综合授信分解到户、信用体系及等级评定建设、全面参保农业保险等途径，精准供给金融信用产品，补齐小农户生产资金链。**三是突出教育培训供给**，通过建设示范引领基地、专家技术指导、培育新型农民主体、出台专业技术标准等举措，不断提高"景宁600"精加工水平，全面提升小农户专业化生产能力。**四是强化公共服务供给**，通过建立"景宁600"生态农产品交易市场，完善公共基础配套设施建设，强化对小农户的公共服务供给，全面提升产销能力。

探索"景宁600"衔接大市场的五条路径。**一是品牌引领**，健全"景宁600"加盟企业准入机制和质量安全体系，实现小农户与品牌有机接轨。同时，依托电子追溯平台，扩大产品准入和质量追溯范围。**二是抱团聚力**，变"单一作战"为"协同作战"，通过发挥农业龙头企业示范作用，统一生产营销；通过构建产业农合联、组建"营销互助联盟"等，提升竞争能力。同时，鼓励小农户抱团发展，在"资源互通、渠道共享、市场共闯"中提升小农户衔接大市场能力。**三是山呼海应**，深化"山海协作"，组建"飞柜联盟"，采用保底价、市场价相结合的订单农业，调配互补两地农产品资源和市场资源，开通餐桌上的美食航线，"畲吃品"成功转化为"奢侈品"。**四是创新互联**，探索"互联网＋"，构建"景宁600＋邮乐购"线上营销平台，变"线下单品"为"线上产品"，破解山区交通不便的发展瓶颈。**五是接二连三**，培育农业发展新业态，加快农业与旅游、文化、生态深度融合，让小农户共享第二、第三产业发展红利。

（四）主要成效

通过"赶考"持续推进，"景宁600"产业飞速发展，品牌声名鹊起，构建起以"景宁600"为引领的现代精品生态农业体系。截至2019年12月，累计建成"景宁600"生态基地9.53万亩，打造"金奖惠明""深山野蜜""畲五味"等"景宁600"系列生态农产品7大类105款。基本完成主要农业产业农合联全覆盖，成立有机耕作者联盟，建成可看、可学的"景宁600"生态价值转化典型示范基地5个。"景宁600"精品农产品展示展销中心、"景宁600"

综合服务中心相继开业，创新推出"山海协作""飞柜联盟""邮乐购"等销售平台，"景宁600"生态农产品持续畅销杭州、上海等大城市，累计销售额达15.33亿元。2019年浙江省政府工作报告中提出要着力实施乡村振兴战略，增加优质绿色农产品供给，打造"景宁600"等生态品牌。在"景宁600"海拔经济撬动下，景宁农民实现大幅增收，2019年，全县农村居民人均可支配收入达到20005元，同比增长10.1%。

五 首创"政银保"[①] 精准扶贫模式

如何利用好扶持政策，既能够让政策效用最大化，又能够保证政策执行不走样，是受扶持地区需要考虑的重要课题。近年来，景宁充分利用省委、省政府特别扶持政策，把握改革的有利契机，瞄准"金融""扶贫"两大关键词，结合基层实际，大胆探索、勇于创新，首创"政银保"农村金融扶贫改革，为低收入农户产业发展贷款开辟渠道。

作为一项"大赶考"机制实施之前的工作亮点，[②]"政银保"在"大赶考"期间既延续和扩展了原有的工作成效，又进一步结合当前新问题探索创新升级，并扩展了自身影响。"政银保"政策的发展与成熟，不仅解决了低收入农户发展生产的难题，实现了金融资本的上山下乡，贷款资金还精准对接到户到人，有效助力低收入群体发

---

① "政银保"是扶贫小额贴息贷款模式，"政"指政府贴息，"银"指银行低利率发放小额贷款，"保"指保险公司承保，属于一项普惠型金融造血路径。浙江景宁创新形成政府统一购买"贷款保证保险"并贴息，银行凭保单向低收入农户发放小额信贷的新机制。

② 从2011年开始，景宁通过整合行政、政策、金融等各方面资源，探索开展"政银保"农村金融扶贫改革模式。政府交费贴利息，银行低利率发放小额贷款，保险公司承保，以三年为一周期，解决低收入农户贷款难问题。

展种植、养殖、加工销售等产业，实现农村扶贫由"输血"向"造血"转变，为乡村振兴战略创造条件。

（一）工作背景

打赢脱贫攻坚战是实施乡村振兴战略、实现全面小康的关键之举，现阶段农村扶贫工作面临的最大难题就是优质资源的流出。缺少人才和项目的支撑，就不能吸引金融资本、社会资本上山下乡，难以形成资源的双向流动。

景宁的干部们总结了前两轮"政银保"实施的经验，并反思其中存在的一些问题：一方面，银行因为利率较低、工作量大和风险相对较高等原因，积极性不高；另一方面，虽然贴息贷款对部分低收入农户增收起到了明显作用，但并没有起到撬动整个农村金融市场的作用。在"大赶考"推动下，2017年开始谋划"政银保"3.0版，2018年1月起正式推出，着力在"精准、普惠、融通"上下功夫，为农村产业发展、脱贫攻坚、乡村振兴提供更为精准的金融服务，争创省级乃至全国精准扶贫标杆。

（二）工作谋划

在总结前两轮"政银保"工作的基础上，针对存在的短板和不足，对第三轮"政银保"政策进行全面升级。

升级贷款主体。把参与金融机构从两家扩充到三家，参与保险公司从一家扩充到三家，增强金融机构参与度，提升服务农户质量。

升级贷款对象。让全县近1/3的农民可以通过"政银保"模式贷到款，同时，还把集体经济薄弱村、民宿农家乐业主、农村创业大学生等五类对象列入贴息范围，扩大受益面。

升级贷款机制。把贷款利率从基准利率提升到可上浮20%，同时建立激励机制，即银行每贷出 10 个单位的款项，可以享有发放 3 个单位贴息贷款给农业龙头企业、合作社、农家乐业主和农场主的权利，政府给予基准利率 50% 的贴息，为金融机构开拓农村金融业务拓宽了门路。

升级贴息规模。每笔贷款从 1 万—2 万元提高到 5 万—10 万元，每年安排贴息从 300 万元提高到 500 万元。

升级贷款保险系统。把保险公司的保险费从每年 2% 降到 1.5%，并明确保险公司与贷款银行责任，降低了贷款逾期风险。

升级贷款用途。将"政银保"与消除集体经济薄弱村工作相结合，提供贴息贷款支持，有效增强村集体经济自身"造血"能力。

（三）工作特色

强化政策和资金支撑。出台《景宁畲族自治县农村金融改革扶贫小额信贷贴息项目实施方案》，同时整合中央、省级专项扶贫资金、省特别扶持资金和两山"一类"专项激励资金约 3000 万元用于全县低收入农户和农业龙头企业、合作社等带动低收入农户增收的新型农业发展主体进行贷款贴息，为促进扶贫小额信贷工作扎实开展并取得实效提供了政策保障和资金支持。

规范操作流程。在贷款对象的审批和贷款发放的流程上，层层严格把关，首先由低收入农户提出申请，村经合社和乡镇对农户进行信用记录和创业发展计划的把关，提交到农业农村局（县扶贫办）进行资格审查，再转到金融机构及保险公司办理。金融机构在完成贷前调查、风险评估、保险合同签订等一系列程序后，到乡镇现场办公，简化手续，为农户提供每户 10 万元以内的贷款。层层严格把关的程序，有效保障了扶贫小额信贷资金有序、严谨、合理的发放。

加强跟踪指导。贷款发放后，组织相关部门继续加强对农户资金使用绩效的跟踪管理，农业农村局（县扶贫办）等部门跟踪做好低收入农户产业发展的服务和指导，乡镇、村委、金融机构跟踪资金使用情况。同时，召开相关部门工作例会，按季度对工作推进情况进行汇总分析研究，及时协调处理存在的问题，确保农户贷款用到实处、用出效益。

激发放贷热情。通过扩充金融机构、参保公司，使金融机构间和保险主体间形成有序竞争，更加注重做好信贷的数量和质量。同时，把农户授信与信用评级紧密关联。一个农户不还款，整个村的信用等级也有影响；能够按期甚至提早还款，就能够继续贷款；还款表现越好，后续贷款的额度越大。信用评级在全村公布，起到监督和激励作用，使政府贴息贷款和低收入农户诚信还贷步入良性循环。

（四）主要成效

截至 2019 年 12 月底，三轮"政银保"已累计发放扶贫小额贴息信贷 15540 笔，贷款总额 7.89 亿元。其中，2019 年共发放贴息贷款 1.4 亿元，受益低收入农户 1866 户，壮大村集体经济 67 个，有效增强低收入农户及集体经济薄弱村自身"造血"能力，"政银保"农村金融扶贫改革取得显著成效。

提高了扶贫工作的精度和效度。"政银保"推出以来，贷款不良率为零、保险理赔为零，扶贫资金效益放大了近 15 倍，通过把行政、政策、金融以及农村各类资源有效整合，贷款资金精准对接到户到人，帮助低收入农户彻底脱贫，实现了扶贫工作从"大水漫灌"到"精准滴灌"的转变和扶贫资金四两拨千斤的效果。

激活农村金融市场，助力乡村振兴。"政银保"合作扶贫小额信贷有效解决了农村金融扶持难问题，既让低收入农户学会了最基本的金融投资，使部分低收入农户因此走向市场；也解决了金融机构由于受种种体制机制限制而"不想进入和无法进入"农村金融市场的问题，极大活跃了农村金融市场。同时，实现金融资本的"上山下乡"，有效助力低收入群体发展产业，为乡村振兴创造条件。

增强农户增收致富能力和信用意识。实践表明，低收入农户等贷款主体都非常珍惜来之不易的发展机会，能够根据自身实际用好贷款。相较于以往的直接拨款，贷款使他们更加用心地经营产业或进行有效投资，激发了低收入群体增收致富的激情和信心，进入了"贷款挣钱，挣到钱再投入，得到银行更大支持"的良性发展阶段。同时，个体农户还款情况与后续贷款、所在村信用等级挂钩，信用评级还要在全村公布，这一规制设计促进农户提升了信用意识。

随着"政银保"在"大赶考"中更加成熟，景宁成为浙江省金融扶贫工作唯一示范县，在全国金融扶贫工作现场会作交流发言，并成为全国农村金融扶贫改革的主要考察点和学习地，全国各大主流媒体纷纷进行了专题报道。

六 抢滩大上海，融入"长三角"

振兴山区经济，除了挖掘自身优势资源，还要以更加开阔的视野抢抓外围机遇。在"大赶考""志不求易、事不避难"精神的鼓舞下，景宁干部主动出击，抢抓"长三角"一体化发展上升国家战略机遇，以静安区为桥头堡，积极主动对接大上海，搭建合作平台，拓宽合作渠道，开辟合作交流新路径，努力争当民族山区融入"长三角"一体化发展国家战略的排头兵和模范生。

（一）工作背景

2018年11月5日，习近平总书记在首届中国国际进口博览会开幕式上宣布，支持长江三角洲区域一体化发展并上升为国家战略。2019年3月5日，国务院政府工作报告中明确提出"将'长三角'区域一体化发展上升为国家战略"。景宁提高政治站位，抢抓发展机遇，把融入"长三角"一体化发展国家战略作为"大赶考"目标，以积极主动姿态与上海静安区建立全面战略合作，开创跨区域协同发展、互利共赢的新局面。

（二）工作谋划

政府带动，深化一体化发展理念。 按照"对接服务大上海、推动区域大发展、发展大进步"的工作思路，积极主动对接上海静安区。2019年3月，景宁、静安两地政府正式签订战略合作协议，建立全面战略合作关系，双方明晰了农业农村发展振兴、区域旅游合作共赢、文化交流合作等10个方面重点合作内容。

机制推动，开创务实合作新局面。 为进一步深化合作事宜，景宁出台《深化上海市静安区与浙江省景宁畲族自治县两地合作交流工作推进机制》《对接上海融入长三角工作总体方案》《对接上海融入长三角工作要点》等系列文件，用制度构建起长期、稳定、务实、全面的高层次深度合作关系。

对接推介，打响"景宁600"品牌。 利用海拔600米以上地区光照充分、降水适量、昼夜温差大，所产农产品品质好、口感佳、生态安全的自然优势，主动向上海推介对接，推动"海拔经济"发展。

文化交流，营销优质文旅产品。 充分发挥畲族特色的风俗习惯、衣着服饰、歌舞艺术等旅游资源优势，加强两地旅游市场营销合作，同时建设畲族文化研究和体验基地，全力打造"长三角"畲族风情旅游目的地。

（三）工作特色

建立合作长效机制。2019年3月，景宁县党政代表团赴静安对接考察发改、商务、文旅等9个重点部门和14家企业，取得丰硕成果。同时全面完善高层会商和综合协调机制，两地主要负责人每半年至少开展一次交流互访活动。景宁成立由县委书记、县长为组长的融入"长三角"一体化工作领导小组；静安区由区委常委、副区长牵头成立以相关部门分管领导为成员的工作专班，工作专班下设办公室，办公室设在区经合办。目前，景宁已抽调骨干力量成立驻沪联络处，进驻静安区，专职负责推介宣传、项目招引、对接联络等工作。

大力推进招商引资。立足自身民族产业政策优势，借势上海"非核心功能疏解"红利，招商部门积极开展多层次、多方位对接推介。同时，景宁县相关负责人先后10余次带队到上海开展对接和企业招引，两地组织部等30余家对口单位开展了对接交流，上海、杭州等地企业赴景考察的数量增加。

全力推动产业合作。引导各类市场主体、社会团体、民间组织等社会各界多形式、宽领域参与一体化发展。2019年以来，相继开展"2019惠明茶会"、惠明茶歌创作大赛、惠明茶器具原创大赛、《话说惠明茶》创作等一系列活动，不断提升惠明茶的知名度与美誉度。开展"静安·景宁"文旅走亲活动，邀请中旅、上铁国旅等知名旅游企业到景宁考察旅游资源，包装精品游线。

积极推进人才交流。强化"引进来"，积极对接上海高层次人才，进一步完善柔性引才机制。比如聘请东方恒康首席执行官吴炯博士作为县政府科技顾问，在推荐高层次人才、谋划诺贝尔奖获得者中国行活动（景宁站）等方面开展合作。强化"走出去"，借助上海市委、静安区委党校优质师资，在上海设立民族干部培训基地，定期为景宁干部开设履职能力提升课程。同时，向静安相关单位派送景宁干部，丰富干部阅历，增强实践经验，切实提高应对复杂局面、解决实际问题、推动工作开展的能力。

（四）主要成效

坚持共商共建，构建合作平台，架设"山海协作"桥梁。 2019年7月，静安区委书记陆晓栋带队莅景考察对接，进一步推进两地战略合作协议的落实，促进交流合作向更高层次更高水平发展。2019年以来，景宁各单位、企业团体到静安区对接考察达70余批次，对口单位已达成合作意向20余项，形成"政府高层互访、机关单位互动、社会团体互融、市场主体互联"的生动局面。

坚持开放共赢，承接优质要素，增强发展内生动力。 与静安区共建惠明禅茶文化产业园，总投资11亿元、总用地面积300亩。以禅茶养生为主题，展现畲族茶文化脉络、畲族茶文化与禅茶文化的交融，推进文旅融合发展。目前该项目已完成前期报批审批以及政策处理等相关工作，预计2020年上半年开工建设。依托静安区的"磁场效应"，来自杭州、上海、江苏等"长三角"地区投资方在景宁投资设立企业53家，总投资额14.5亿元，涵盖贸易销售、建筑、电子商务、物流、企业管理等行业。其中来自上海的投资方在景宁投资设立企业24家，总投资额4.98亿元，并有2个超亿元的康养项目达成合作意向。

坚持资源共享，聚焦产业对接，加快产业发展振兴。 一是景宁惠明茶成为全国手工艺产业博览会、澳门回归20周年庆典等重要活动的指定用茶，并作为礼物赠送给保加利亚总统拉德夫。同时，在百乐门核心区开设了惠明茶品牌旗舰店。二是计划在万有集市、盒马生鲜等新零售平台设置"景宁600"专摊，有效拓展上海高端销售市场。**三是**将景宁列为静安职工疗休养特选目的地，同时邀请东方卫视《我们在行动》栏目来景宁拍摄，引导上海戏剧学院、温哥华电影学院等文艺类院校在景宁设立实习基地。在"2019全国手工艺产业博览会暨非物质文化遗产传统技艺展"开幕式上，景宁被授予"'长三角'工艺美术产业景宁创作基地"称号。

坚持协同共进，强化合作交流，形成交往交融格局。推进公共服务标准化、便利化。协同扩大优质公共服务供给，使一体化发展成果更多更公平地惠及群众。如上海市高血压研究所在景设立流行病学研究基地和人才工作室，双方签订《动态血压远程诊断报告系统》《智慧血压测量管理系统》等合作协议，相关研究引起广泛关注，路透社进行了专访报道。2019年5月，双方合作的浙江省首个乡镇"高血压远程咨询中心"在景宁东坑镇卫生院正式开诊，由注册在瑞金医院的具有执业医师资格的医生，通过平台查阅资料、远程网络视频的方式，为咨询对象提供治疗方案和建议，让偏远山区老百姓在家门口就能享受到高端医疗技术资源。

景宁通过内引外联、借梯登高，用好问海借力金钥匙，实现"山海协作"、合作共赢。静安区成为景宁产品抢滩上海的"桥头堡"，景宁成为上海人向往的"江南秘境"。2019年6月，浙江省委书记车俊在全省推进"长三角"一体化发展大会上，对景宁积极谋划与静安区合作机制，打造惠明禅茶文化产业园，助推生态农产品畅销上海等做法给予了充分肯定。同年7月，省长袁家军在全省"山海协作"工程推进会上表扬景宁积极作为、主动性强。

七 五县联盟，打造"山海协作"工程升级版

在农业领域的干部思考生态品牌建设的同时，经济合作领域的

干部也在思考"赶考"目标。"大赶考"机制促使当地干部们主动反思长期以来"习以为常"的单向帮扶,认为需要及时把握全省推进"山海协作"工程升级版重大机遇,主动对接,深度谋划,全力推进与沿海经济发达县(市、区)的优势叠加和协作发展。

(一)工作背景

"山海协作"工程是习近平总书记在浙江工作期间做出的重大战略决策,是"八八战略"的重要内容之一。"八八战略"的要旨在于,按照"政府推动、市场运作,互惠互利、共同发展"的原则,加强沿海发达地区与浙西南山区、海岛等欠发达地区在产业开发、新农村建设、劳务培训就业、社会事业发展等方面的项目合作,努力推进欠发达地区加快发展和发达地区产业结构优化升级,促进全省区域协调发展,同步实现现代化。[①]

景宁干部尤其经济合作领域的干部们积极贯彻上级部署要求,立足"山"的特色,借助"海"的优势,全力"赶考"推动"山海协作"升级版。

(二)工作谋划

在认真学习贯彻上级指示精神的基础上,以优势互补、错位协作、互利共赢的工作思路实现决策部署的全面落实。作为"山海协作"工程的核心立足点,充分发挥生态、民族优势,借力沿海发达县(市、区)广阔市场,不断做优生态农产品、康养旅游、民族风情等特色"拳头产品",有效将"区位劣势"转化为"产品优势"。

---

① 2018年5月30日,浙江省委书记车俊在全省"山海协作"工程推进会上强调,扛起新使命、展示新作为,聚力打造"山海协作"工程升级版,实现更高质量的区域协调发展。2019年2月,市委胡海峰书记在"两山"发展大会上提出,要问海借力,充分发挥"山海协作"的机制优势,打造多类型、多层次、多领域的高等级合作发展平台。

坚持结果导向，以壮大村集体经济、带动农民增收致富、打响"景宁600"品牌为重点，创新推出"飞地+飞柜"经济协作。"飞地"重点是通过购置工业地产、投资共建、资源入股等方式在结对县（市、区）开展产业园建设。"飞柜"旨在将"景宁600"优质农产品销售到结对县（市、区）。

（三）工作特色

明确协作新方向。确立了"生态优先、绿色发展""优势互补、合作共赢"的协作原则，注重培育造血功能，特别是在山区县生态价值实现机制方面努力寻找交互点和突破口，共同致力推动生态经济化和经济生态化。充分引导发挥各方能动性，推进双方政府、市场、社会团体、民间组织等多向多层次协作，激活对接协作的无限活力。坚持以市场化思维推动双方协作，为市场主体互利共赢找准融合点，拓展合作广度和深度。

构建协作新模式。与台州温岭市、绍兴上虞区、嘉兴海盐县、宁波宁海县四个县（市、区）达成结对关系。2020年1月16日，由省发改委组织的"山海协作""五县联盟"启动仪式在景宁县举行，架设起新的向海发展、山呼海应的大桥梁大通道，改原来的单一作战为团队作战、双方共赢为多方共赢。

打造协作新平台。围绕产业发展重点，与温岭共建"生态旅游文化产业园""温岭—景宁工业地产"，与上虞共建"生态工业民族产业园"，与海盐共建"民族双创园"，与宁海共建"消薄飞地"产业园等"飞地"协作项目，助力各方产业发展，助推全县村集体经济"消薄"。互设农特产品"飞柜"8个，实现"景宁600"农产品与海产品的互换交流、调配互补，构建互惠互利的市场化流通新模式。

(四) 主要成效

通过合作理念、模式、平台创新，推动"山海协作"关系从以往单向帮扶向多方共赢发展转变。据相关测算，"飞地"项目建成后，将每年为景宁带来收益890万元以上，可帮助178个村实现"消薄"。2019年已到位资金455万元，帮助91个村实现村集体经济"消薄"。同时，通过与结对地建立健全"村企结对"长效机制，稳定扩大全县特别是少数民族乡村转移支付来源及收入。"飞柜"经济总量不断做大，2019年结对县（市、区）"飞柜"销售额共计3608万元，"景宁600"生态农产品通过"飞柜"模式畅销。截至目前，景宁已与协作县（市、区）累计互访120余次，深入推进各项交流协作。景宁打造"山海协作"升级版得到省市领导充分肯定，相关经验和做法被中新网、《浙江日报》等各大媒体报道。

八 首创"域外网格"，探索外出创业就业人口较多县社会治理新模式

作为外出创业就业人口较多县，景宁一直以来都面临域外人口管理的挑战。但是，真正下决心"啃"下这块"硬骨头"，是在"大赶考"实施之后。2017年9月以来，景宁县针对该县近40%的人口长期在县域外创业务工的现状，发扬"志不求易、事不避难"精神，迎头而上解难题，创新发展新时代"枫桥经验"，坚持党建引领、综治先行、法治为基，以全科网格管理模式为基础，在景宁人相对集中的12个省、市、县，建立18个域外网格，探索外出创业就业人口较多县社会治理新模式，打造域外网格治理新省级标杆。

（一）工作背景

平安是小康的题中之义。习近平总书记指出，全面建成小康社会一个都不能少。景宁共有6.8万人口在全国各地，如今在外景宁人已不止于创业致富，有了更多元化的美好生活需要，特别是当前社会治理资源主要以行政辖区、户籍人口为基础进行配置，在外景宁人既处于"城市边缘"难以共享当地优质社会资源，又游离"千里之外"难以及时享有县内社会治理成果，逐步孤岛化。仅2017年，在外景宁人涉信访维稳事件12起，尽管均妥善处置，但趋于增多的平安问题、治理问题已成为制约在外景宁人获得感、幸福感、安全感提升的重要因素。景宁平安与在外景宁人平安日趋融为一体，没有在外景宁人的平安，就难以实现景宁整体平安。从源头补齐这一社会治理短板势在必行。

从现实条件上看，日益完善的社会治理条件和深入人心的法治精神都为深化域外治理创造了良好条件。党的十八大以来，全面依法治国持续深化，法治精神深入人心，为引导在外群众依法反映和解决诉求奠定了法治基础，治理的组织程度日趋成熟。

历经20余年发展，景宁驻外党组织、商会遍布各地，为推进在外景宁人治理提供了力量支持，社会的互联互通日趋成熟。"最多跑一次"改革深化，治理的信息化、智能化，为多元主体突破时间和空间制约，共同参与社会治理给予了现实支撑。

（二）工作谋划

景宁县委强调发展和平安是全县"志不求易、事不避难"创新实干大赶考的两大重要考题，提出要增强"安暖和"的民生情怀，打造"丽水最平安县"，拉开了"赶考"新时代平安景宁、法治景宁建设序幕。景宁积极探索建立县级一个中心指挥、乡镇四个平台运行、村社全科网格管理、域外综治网络延伸的"四级融合、多元一体"县域社会治理模式，突出重点、聚焦短板，深化打造域外网格，破题在外景宁人社会治理问题。成立景宁县域外网格建设领导小组，在县委政法委设领导小组办公室，负责域外网格统筹构建及资源整合，定期召开域外网格建设领导小组工作例会，会商研究域外网格建设的重点难点问题，并结合平安护航党的十九大，进行实践探索，明确构建县内、县外双稳定的平安新格局。2018年2月22日，景宁组织召开县域外网格成立大会暨域外网格员聘任仪式。

（三）工作特色

打破空间限制，科学划分网格。 针对不同地域特点，积极构建县域外"总网格+子网格"的县域外景宁人治理"一张网"体系。按照整体、适度原则，以驻外党支部和异地景宁商会为基础，在景宁人相对集中的北京、天津、杭州、西安、宁波、云和等地，建立18个域外总网格，承担域外网格党的建设、平安综治、便民服务等五大类16项信息采集及与县内部门协作联动、在外景宁人诉求处置等任务。同时，以网格精细化为目标，根据各域外网格内景宁人分布情况，在总网格基础上逐步向所在省、市的基层单元延伸，建立县域外子网格，实现在外景宁人社会治理的有效覆盖。

培育治理力量，打造网格队伍。 坚持固化队伍架构，实行"1+1+1+X"的网格队伍建设模式，即一个网格配备一名网格长、一名网格指导员、一名专职网格员、若干名兼职网格员，分别由商会会长、驻会党支部书记、商会秘书长担任，并吸纳在外党员及热心群众参与，打造以乡情为纽带、以服务为导向的域外网格员队伍。现已配备域外网格长及网格指导员各18名、网格员24名，以员额法官、检察官及司法行政人员为主体，为18个域外网格聘任法律顾问97名。坚持强化履职能力作为打造网格队伍的重中之重，建立"集中培训＋个别辅导"的培训模式，利用春节及县"两会"等域外网格员集中返乡时间，开展专题集中培训，促进网格员知格情、明重点、能处置。依托"互联网＋"，根据各域外网格治理特点和需求进行个别辅导，点对点式开展有针对性的能力强化。

聚焦平安稳定，构建服务体系。一方面，摸清网格家底。按照底数清、动态知的要求，建立在外景宁人基础信息数据库，涵盖在外景宁人行业、地域分布、重点问题等，并针对各类突发情况，健全预案方案，确保及时掌握动态和保证服务精准度。另一方面，建立双向服务。坚持"应需而入、分级纳入"，制定服务菜单，针对在外景宁人需求重点，提供法律咨询、政策咨询、心理辅导、创业培训等35项服务；制定需求清单，突出治理有效，建立情报信息、纠纷化解、重点管控、招商服务等17个域外治理协助项目。严格实行域外网格事务准入制，确保服务和需求事项成熟一项纳入一项，强化县内与域外网格双向互动，提升县内域外双向互动协作水平。

强化精准治理，建立运行机制。一是日常管理精细化。在县内以县工商联为日常主管单位，设立综合信息指挥室，建立智能指派机制，上承领导小组办公室，中接县社会矛盾纠纷调处化解中心，外联18个域外网格，负责域外网格日常事务管理及信息流传处置。在县外以域外网格员为主体，依托浙江政务APP、平安浙江信息系统等互联网智能平台，建立域外网格与县内部门联结机制。二是重点治理联动化。在县内建立"3＋X"域外网格事务会商平台和一般事件、紧急事件处置机制，"3"即以县委政法委、县信访局、县工商联为域外网格联合主管单位，"X"即根据域外网格事务处置需要，邀请有关单位参与，开展域外网格风险预警，精准推进重点治理、难点化解。

（四）主要成效

域外网格模式，是景宁立足山区实际、县域特点、群众期盼，深化县域社会治理的首创性探索，实现了以行政辖区为单位的县域社会治理向以人口分布为基础的景宁人治理转变。该模式入编"新时代枫桥经验100例"。

开辟了人口治理新路径。长期以来，流动人口主要依托人口输入地的管理，人口输出地由于鞭长莫及而难以实施有效的行政管辖。景宁创新应用网格治理机制，突破了行政辖区制约，把在外景宁人纳入网格治理体系当中，将在外景宁人个体缺管、群体无序的形态转变为可及可控的状态，也从源头为流动人口输入地补齐社会治理短板。

强化了基层治理掌控力。社会治理的关键在于压实责任，而责任压实的关键在于平时。通过域外网格，景宁为县内职能部门、乡镇村社，搭建起常态化的管理服务新平台，将重点时段的管控转化为日常的服务引导，将属地责任和域外网格协作结合起来，实现"平时"和"战时"紧密衔接，扫除了治理盲区。同时，依托域外网格，将信访维稳的网格防线与县内网格连为一体，实现"一格有事，全网联动"。

提升了治理服务的到达率。社会治理资源依托各级组织实现投放和覆盖，然而县级部门、乡镇缺少高效平台和有力抓手，各类资源难以到达域外，逐步形成了社会治理资源村社相对过剩与在外景宁人短缺的结构性失衡矛盾。域外网格积极回应群众诉求，推动社会治理因人而动、随需而进，而不固化于行政辖区，有力提升了治理服务的覆盖面和到达率，破解流动人口的孤岛化现象，增强了在外景宁人的归属感和存在感。

增强了基层群众自治力。域外网格依托驻外党支部、异地商会等实体，但不依存于实体，通过"互联网+"，为基层群众开辟了新的自治空间。域外网格员既是在外创业的能人或是乡贤，又作为党员、网格员兼具半官方身份，架起了党委政府与在外群众沟通的桥梁，促进形成了党委政府主导、职能部门参与、干群互动协同的在外景宁人自治新格局，增强了群众的向心力。

随着浙江省委多位领导给予批示肯定，景宁域外网格的社会综合治理模式还将对更多有类似情况的地区提供借鉴，产生更多影响。

九 小规模学校建设，变"撤"为"改"破解乡村教育困局

民族山区的教育一直是教育领域的重点和难点之一。2017年实施"大赶考"机制以来，景宁教育领域的干部们常观大势、常思大局，面临群众对优质教育资源的强烈需求，面临周边竞争越来越激烈的趋势，持续谋划乡村小规模学校建设，攻坚克难，开拓创新，走出了一条具有畲乡特色的乡村小规模学校办学之路，成为景宁教育的一张"金名片"。

（一）工作背景

随着城镇化进程的加快，学生向城镇聚集，农村教育规模不断缩小，区域教育出现了"城满、乡弱、村空"的现象，村学校教育出现以小规模学校为主流的格局。面对严峻的农村教育形势，景宁县的干部们以"志不求易、事不避难"的"大赶考"精神，辩证分析了现状中的"危"与"机"。学生人数进一步缩减可能导致教学氛围弱化、教学行为草率、教学资源浪费等问题，是"危"；人数减

少会使个体活动空间更加富余、活动方式更加灵活、教育资源更加充足、师生互动更加充分、教师对学生的关注更加全面，也是"机"，有利于学生的个性化成长。"危"与"机"并存，景宁县顺势进行小规模学校办学研究。

（二）工作谋划

以星级考核为依托，做强"一校一品"。小规模学校办学需要不断丰富学校文化建设，而学校文化需要创设载体来推进，以区域文化底蕴为基础，发展校园"一校一品"是乡村教育的一个重要内容。景宁以"星级考核"为载体，构建"四部走"模式，推进农村学校"一校一品"创建。

一是理念先行，引导学校从校情出发，优化自身发展思路，优先寻找发展优势。**二是**课题带动，依据学校在特色发展过程中出现的问题，以课题为中心，建立课题研究机制，吸纳老师全员参与，提高学校的整体研究水平。**三是**评价导向，依据学校特色创建情况和教育局出台的学校特色创建星级考核细则，实行以奖代补形式，根据星级考核结果，分别给一星级学校2万元、二星级学校3万元和三星级学校4万元的创建经费奖励。通过创新督导评估机制，促进特色学校健康发展。**四是**搭建平台促进交流，实行学年"特色学校"创建申报制，教育局根据学校申报情况进行项目审核，每学期选择2所学校召开特色创建现场会，培植经验。

以小班化教学为阵地，直面生本课堂。先后出台《景宁农村学校小班化教学常规20条》《景宁县农村微班教学常规15条》，引领新一轮农村小班教学探索和"小班化教育"课堂教学改革，直面"生本"。全县"乡村学校"践行"生本教育"理念，逐步提炼出以"课堂为点，常规为线，特色为面，发展为本"的整体思路；确立

"课堂入手、试点研究""教学推行、全县铺开""教育提升、特色兼备"三个阶段阶梯式推进的实施策略。通过立足"关爱每一个、发展每一个、优质每一个"三大理念,推出"课程建构、教研引领、管理推动"三大举措,实施"小班环境、小班备课、小班上课、小班作业、小班辅导、小班评价"六小教学,实现教育精致化、优质化、个性化。

以地域文化为载体,孕育乡韵乡风。立足乡土资源,构建教育新体系,使学生从乡土文化中汲取有益的人文素养,并把乡土情结教育提高到深化民族凝聚力的高度来认识和教学。"乡村学校"联系实际、因地制宜,结合本土文化特色,孕育出乡味乡韵,如鸬鹚的"三园"文化、梧桐的崇孝文化、九龙的多彩文化、大均的温暖文化,等等。

以优化教育管理为手段,探索建立"亲子共成长"同步教育机制。一是以评价为抓手,让"家风"评比成为常态。如大地乡校推出"学生行为银行",针对学生的道德品行、学习、生活等,形成一套相对完善的教育管理体系。二是大力推进家长素质提升工程,借力景宁孔庙等文化古迹,综合利用《弟子规》学习小组资源,向全县免费开讲《弟子规》,通过讲故事、举例子、辩论、游戏、看视频、表演、社会实践等教育途径,让孩子和家长共同学习成长。

(三)工作特色

景宁小规模学校建设经过不断探索,呈现出诸多特色和亮点。

变撤为改,优化校舍空间布局。累计投入5000余万元对全县小规模学校进行改造提升。按照"主题突出、布局合理、细节精致"的要求,创设"一校一品"校园环境,充分利用教室"剩余面积",改造实现小规模学校校园网络、班级多媒体、塑胶运动场、食堂宿舍设备配置升级全覆盖，呈现出"村中最美的建筑是学校"的美丽景象。

加大投入，确保足额办学经费。为提高乡村教师待遇，相继出台农村特岗教师津贴、乡村教师津贴等系列政策，根据地域远近、教龄长短、职称高低，每位乡村教师每月可享受600元至1300元不等的乡村教师津贴。对小规模学校增加生均公用经费补助，学生数不足50人的学校按100人补助；不足100人的按150人补助，并做到逐年提高。

强基固本，保障师资力量配备。突出乡村学校教师编制保障和年龄结构优化，按照班师比1∶2.5给予配备教师。建立城乡教师双向互助机制，通过县城学校名师支教、专业教师走教、全科教师培养等途径，解决小规模学校专业教师不足的困境。推行县管校聘后，按照合班教育的标准，对小规模学校师资进行再次调整，确保小规模学校正常健康发展。

城乡组团，实现优质资源共享。以城乡一体化发展为导向，建立集团化办学机制，将全县义务教育阶段学校组成五大教育集团，以县城优质学校为龙头带动乡村学校组团发展，全方位实现"理念共享、资源共享、成果共享、优势互补、共同提高"。

暖心工程，强化教育发展公平。通过设立留守儿童之家、亲子沟通热线、代理家长等平台，构建"留守儿童"关爱服务体系。实施暖室、暖水、暖心工程，每位寄宿生可免费享受每年2160元包含一日三餐加课间点心的"爱心营养餐"。投入500余万元为农村学校安装直饮水机、改造浴室、配备木质床、学生棉被、高山学校空调，让山里的孩子每天喝上直饮水、冬天洗上热水澡。每年投入85万元实施周末"放心班车工程"，让寄宿生安心回家。

小班特色，助推教育质量提升。先后推进三轮小规模学校教学改革，在实践中提炼出农村小班化教育"三个确保"理念，即"阳光普照，确保每个孩子受到关爱；同教异学，确保每个孩子差异发展；个别辅导，确保每个孩子都不掉队"。其中"同教异学"是小班化教学区别大班教学最为突出的理念。先后建构农村小班化教学"3363"模式和农村小班化教学六策略模式等，在落实农村小班化教学常规20条的基础上，又开展学生数15人以下"微班"探索，提炼出农村微班教学常规15条。随着小规模学校建设的不断深入，进一步推进新时期小规模学校乡土味、小班味、家园味建设。

（四）主要成效

农村小班化教育探索至今，通过以课题为导向、抱团开展研究，景宁走出了一条从农村自然小班教学到小班化内涵发展的教育转型之路，成为浙江省先行整体策划、分步推进农村自然小班化教育的县（市、区）之一，形成具有景宁特色的小班化教育模式。

2017年12月，景宁小规模学校建设成果在全国统筹县域内城乡义务教育一体化改革发展现场推进会上进行典型经验展示。陈宝生部长在讲话时给予景宁特别点赞："浙江景宁小规模做出了大文章，值得各地学习借鉴！"随后，他又在到景宁调研时给予"感觉很好，非常不错！很有特色！"的高度评价。2018年，景宁小班化教育经验做法获得国家级基础教育教学成果二等奖。小班化教育研究成果被《中国教育报》《人民日报》《光明日报》等媒体宣传报道，教育部和各地政府部门、教育同仁以及民间教育智库纷纷到景宁调研考察。2019年11月，景宁作为全国唯一县级代表，在全国民族地区基础教育发展经验交流会上作专题经验交流。

景宁农村小规模学校建设、小班化教育经验和教育模式，走在全国民族地区教育发展的前列，这与景宁乡村教育抓住两个关键词有关，并在"大赶考"前后一如始终。一是研究，以研究引领农村学校的建设。二是坚持，研究从未间断，更未淡化过农村学校建设。乡村教育突围，让景宁教育领域的干部们连年"赶考"成绩优秀，县教育局更是在其中一年拿到了全县"大赶考"第一名的优异名次。

十 "警务集市"让便民服务跑进大山领跑全省

发端于浙江的"最多跑一次"改革在当地基层有多种结合各地实际的做法，这也为"大赶考"中的景宁干部打开了思路。景宁对标省委省政府"最多跑一次"改革要求，针对村多人散、群众办事不便的困难实际，在"大赶考"中推出"警务集市"模式，公安便民服务跑进大山，领跑全省。

（一）工作背景

拥有典型"九山半水半分田"山区地貌的景宁，县内地域面积1949.98平方千米，现辖2个街道、4个镇、15个乡、136个行政村，其中最偏远的村距离县城达90余公里，群众出行办事一个来回需要六七个小时。景宁县公安局针对景宁外出人口较多、山区留守群众办事不便的困难，在"大赶考"中提出"公安秒速、又快又好"的目标定位，破解服务群众"最后一公里"难题。

（二）工作谋划

成立改革专班。在广泛征求行政审批、治安、交警等部门和群众意见建议后，确定"公安秒速，又快又好"目标定位，将"最多跑一次"改革"警务集市"做法作为"一号工程"立项，全面梳理改革存在的堵点、难点，逐一列出任务清单，明确责任部门、责任科室和责任人，确保责任落实横向到边、纵向到底。出台《全县公安机关"最多跑一次"改革工作方案》，抽调15个部门37名精干力量，成立公安领域"最多跑一次"改革领导专班，由副县长、公安局长饶伟贞任班长，各相关部门负责人任成员，全力推进改革。

明确目标要求。对标省委省政府，要达到"最后一公里"要求，自我加压、拉高标杆，下定决心"一对一"破解困难问题，确保服务全覆盖"一个都不少"。公安局改革专班经过多次深入研讨，将问题、短板和困难梳理成六大方面，提出集成式、固定式、流动式、专场式、延伸式、网络式六大"警务集市"服务模式，逐一解决山区民族县诸多现实难题，切实做到服务山区群众全覆盖。

夯实工作基础。针对群众办事不合理前置条件多、签字多、跑腿多，审批材料重复提交、多头跑等问题，明确提出"法无规定"的能减则减，"法有规定"的能免则免，重复提交的"能并则并"等举措，制定规范化工作流程。同时，针对公安办事窗口分布在行政审批科、出入境、交警和公安局本部四个地方的问题，率先在全市打造面积1200多平方米的公安中心窗口，集中办理涉及车管所、行政审批科、出入境管理大队、治安大队等部门的110项办事业务，实现"一窗受理，集成服务"硬件升级。

（三）工作特色

2017年6月起推出"警务集市"新模式，坚持"公安秒速、又快又好"赶考目标，通过"畲乡警民E家亲"微信群、全警大走访、代办员反映等多种途径收集群众办事需求，打造全方位、立体化公安服务体系，并向公安其他业务拓展延伸，让山区群众在家门口就能获得优质的服务。

覆盖全域全员，推出"集成式"警务集市。针对警务办事窗口分散、效率低和信息化不强等问题，推出"集成式"警务集市。建成高度集成的公安行政服务中心，入驻治安、交警、出入境等7个警种，设立综合、受理、出件等23个窗口，覆盖286项公安审批事项，实现"中心外无窗口"。制定"任意窗口办理"操作规范，加强窗口人员"全科受理"业务培训，将事项办理流程及所需材料程序化、标准化，推动中心内部流程优化、数据共享，实现群众办事"一窗受理、集成服务"。

聚焦偏远山区，推出"固定式"警务集市。针对偏远山村距离县城较远、交通不便的问题，在群众出行相对集中的赶集日，以山区群众办理较高频的户籍类、交通违章处理、电动车上牌等事项为重点，组织治安、户籍、交警等部门到乡镇组团"开市"，方便群众就近办事。同时，按照"办一次警务集市、夯一遍基层基础、上一堂普法教育"的要求，同步开展"一标三实"、信息采集等数据采集和警情通报、法制宣传等十项覆盖公安全业务的综合性工作内容。

聚焦在外群众，推出"流动式"警务集市。针对景宁外出流动人口较多、回景宁办事不便问题，多渠道收集在外群众的具体办事需求，依托"畲乡警民E家亲"微信群、各乡镇分群、景宁公安微信公众号和"域外网格"微信群等发布开市时间、地点、办理业务和所需材料，组织治安、交警等部门到云和、龙泉、莲都等外出群众聚集地开设警务集市，让在外群众不回景宁就能办成事。

聚焦特种行业，推出"专场式"警务集市。针对山区治安形势和民宿农家乐发展需求，组织治安、消防、交警、禁毒、行政审批等科室和相关派出所，以特定区域所在乡村为开市点，按照"一个专场一个主题"要求，分别开展扫黑除恶、"枫桥式公安派出所"创建、民宿农家乐特种行业许可证办理、交通违章处理、电信诈骗安全防范等"专场式"警务集市，现场收集办件材料、征求群众意见、办理相关业务等。

聚焦特殊群体，推出"延伸式"警务集市。针对特殊群体限于身体、文化和语言等办事不便的实际，推出"70免跑""跑进畲寨""青替您跑""彩虹助跑""刷脸即办""点单外卖"等便民举措，精准解决群众办事困难问题。比如，组织畲族民警到少数民族村开展"跑进畲寨"服务，为只会讲畲语且行动不便的少数民族群众上门办理公安服务业务；各地派出所深入辖区走访，画出"70免跑"服务图，详细标注辖区70周岁以上老人的名字、住址、服务需求及进村路线，实现点对点上门服务。

聚焦数据服务，推出"网络式"警务集市。依托大数据优势，积极采购先进设备，提升"网上办""掌上办"水平，通过"浙里办"直接"网上办"，以"数据跑"替代"群众免跑"。在此基础上，通过"警民E家亲"微信群等平台，对无犯罪证明、亲属关系证明等多项证明，通过民警或代办员为年纪较大的群众"掌上"申请，以视频形式实现"刷脸即办"，并邮寄送达，实现"跑零次"。同时，还通过"云审云办"群，做到民警办事全程网上审核审批，提升审批效率，实现"免跑即审"。

（四）主要成效

通过集成式、固定式、流动式、专场式、延伸式五种"警务集市"模式，构建起"城乡一体覆盖、县域内外延伸、线上线下融合"的景宁公安服务网，精准解决山区群众办事不便的困难问题。截至2019年12月底，全县累计推出"警务集市"243场，服务群众28.3万人次，发放宣传资料19.1万份，采集信息5.1万条，让群众少跑约36万公里，节省办事支出392万元。"警务集市"做法在浙江省委改革办《领跑者》以及《浙江政务信息》、浙江省公安厅《工作简报》等省级党政信息刊物上刊发，引起《人民日报》

《法制日报》《人民公安报》等国家级主流媒体广泛关注和报道，得到浙江省省长袁家军、副省长王双全等省领导肯定批示，入选浙江"最多跑一次"改革成就展，相关经验做法上报中央改革委。通过持续推进，"警务集市"服务品牌知名度和群众认可度不断提升，成为景宁"最多跑一次改革"的一张服务"金名片"，吸引省内外多地前来考察学习。

十一　守好生态家底，松材线虫病防控工作走在全省前列

生态资源是山区优势，也是环境保护的薄弱环节。"大赶考"机制动员起的一批环保领域的干部，愣是将这类如带刺玫瑰般的棘手工作做到了区域前列。松材线虫病防控就是一例。景宁是全省重点林区县之一，近年来，景宁以"保护森林资源、促进林农增收、维护林业生态安全"为宗旨，自觉践行"绿水青山就是金山银山"的发展理念，真抓实干，奋力赶考，保护并实现了森林资源的稳步增长。

（一）工作背景

景宁现有林地面积246.68万亩，森林覆盖率81%，松林面积78万亩，占森林面积的34%，占全县森林总蓄积量的41%。松林的健康及安全，对景宁县整体生态资源安全具有重要意义。松材线虫病是一种具有毁灭性的松树病害，致病力强，潜伏期长，松树感病后最快40天内就会枯萎死亡，整片松林死亡仅需3—5年时间，被称为松树的"癌症"。[①] 2019年发生区域共计4个乡镇8个行政村28

[①] 浙江省于1991年首次在宁波象山发现松材线虫病。景宁于2009年首次发现松材线虫病，当年发生区域共计4个乡镇7个行政村10个小班1383亩。

个小班 2588 亩，总体面积增长不明显，但点多面广的局面初步形成，防控形势更加严峻。

（二）工作谋划

高度重视，超前谋划部署。松材线虫病能够让松林"病来如山倒，病去如抽丝"，思想上不能有任何的麻痹和松懈，否则就会功亏一篑。自发生该病害以来，景宁县委县政府高度重视，全额保障防控资金，全县上下始终坚定松材线虫病"可防可治"的信念和"必防必治"的决心，做到思想上不放松，工作上不懈怠，把握防治工作主动权。建立由县政府分管领导任组长的防治工作领导小组，并把防治工作列入年度各相关部门和乡镇街道"大赶考"，形成了县领导统筹部署、林业部门牵头抓总，相关部门协作共防，乡镇街道各负其责，广大党员干部全面参与的防治工作格局。

迅速行动，落实防控任务。认真贯彻落实"属地管理、政府主导、部门监督"的原则，坚持每年开展春、秋两季疫情普查，每月开展动态监测。掌握疫情的基础上，严格按照国家林草局《松材线虫病防治技术方案》，结合景宁实际，制定年度防治方案，确保年度防治工作的科学开展。层层签订《松材线虫病防控工作责任书》，压实工作责任，明确疫情监测、综合防治、检疫监管、政策解读、协调处理等方面的工作和职责分配。

（三）工作特色

建立固定专业除治队伍。松材线虫病发生以来，景宁清醒地认识到固定的专业队伍对防治工作的重要性。第一时间组建了固定的专业除治队，避免了因人员频繁变动造成除治队员不专业、除治质量不过关的问题。加强队伍成员的统一专业除治培训、统一技术规范、统一清理标准、统一安排调配,并进行除治工作考核。通过打造一支训练有素、经验丰富的专业除治队伍,有力保障了枯死木清理工作及时、高效,确保除治工作不留死角、不留隐患。

坚持彻底清理疫木。疫木若清理不彻底,带病枝丫留存山上就有可能产生新的疫源,不少地区病害的蔓延往往是因为疫木清理不及时、不彻底。这项工作没有捷径可走,只能脚踏实地。为此,景宁将彻底清理枯死木作为松材线虫病防控最关键的一环,按照"抓早、抓小、抓了"的防控原则,"不留痕迹、不留隐患"的清理目标,采用枯死松树"发现一株,及时清理一株,就地彻底烧毁(雨天)一株"的方式,最大程度地减少了枯死松木的搬运,降低了因搬运而导致沿路传播的风险。坚持全年不间断进行全株无害化处理,因立地条件等因素影响确实不能挖根的,采用两次覆土喷药的伐桩消毒法处理,彻底杜绝了防治过程中的人为传播。

坚持开展注干防治。除了清理疫木外,另一项重要的工作是药剂防治。景宁在全省率先采用施药精准且环境污染小的注干防治方法[①],对枯死松树周边区域内松树实施打孔注药,提前做好预防,延缓周边区域疫情发生发展速度,为及时清理争取宝贵时间。"清理+注干+固定专业除治队"的防控方法,也成为"景宁经验",得到上级林业主管部门和领导的肯定。

坚持全民参与防控。在 2009 年疫情发生初期,坚决对枯死大树、坟头树进行清理。通过连续多年宣传解释,群众接受度和理解度逐渐提高,减少了清理过程中的阻力,更多党员群众积极主动参与松材线虫病的防控,第一时间及时反馈防控情况,使全县疫情监测更加准确全面,处置更加及时高效,真正做到了全民参与防治。

---

① 注干防治方法,指在树体打孔,然后将药剂注入树体。

（四）主要成效

松材线虫病发生以来，景宁县以赶考的姿态，全城动员，全民参与，精准施策，实现了松材线虫病可防可控目标，实现了森林面积、松林蓄积稳步增长的喜人成绩。2009—2018 年，松林面积从 76.2 万亩增长至 77.8 万亩；松林蓄积从 315.6 万立方米增长到 445.7 万立方米。景宁县连续多年被评为全市松材线虫病防控优秀单位。2018 年 6 月，原浙江省林业厅厅长林云举批示景宁做法"值得全省各地学习借鉴"。2018 年 11 月，在全省松材线虫病防控电视电话会议上，景宁作为全省唯一县级代表作典型经验交流发言。2018 年，景宁县人民政府被评为全省森林资源保护管理工作突出贡献集体。2019 年，因防控成效明显，景宁县自然资源和规划局（林业局）荣获"全国生态建设突出贡献奖先进集体"，松材线虫病经验做法在多家省级主流媒体刊发。

十二 以党建绩效评审，构建压实党建责任闭环体系

党建引领是"大赶考"机制得以成功实践的核心要素，党建工作也通过"大赶考"的不断实践得以查漏补缺，不断改进完善。在"大赶考"机制的牵动下，景宁把提升组织力、引领"大赶考"作为抓基层党建工作的主要任务和主攻方向，以"整乡推进、整县提升"工作为抓手，深化"县委书记面对面点评、责任一对一传导"基层党建季度考评、乡镇党委书记党建政绩评审等创新机制，串珠成链打造党建特色品牌，构建了压实党建责任闭环，推动党建"大赶考"，实现基层党建争先进位大赶超。

（一）工作背景

围绕"是不是各级党委、各部门党委（党组）都做到了聚精会神抓党建""是不是各级党委书记、各部门党委（党组）书记都成为了从严治党的书记""是不是各级各部门党委（党组）成员都履行了分管领域从严治党责任"的党建"三问"，仔细查摆当前全县基层党建工作中存在的党建意识淡薄、工作导向不明，党建责任抽象、工作抓手笼统，党建责任上浮、压力传导不实，责任追究不力、问责方式不力四方面突出问题，亟需在责任传导、组织覆盖、思想教育、党内关爱、职责考评等方面建立健全科学系统机制，不断提高基层党组织的战斗力、向心力和凝聚力。

（二）工作谋划

在"志不求易、事不避难"创新实干大赶考的推动下，景宁直面问题，一年一个台阶，扎实推进责任传导机制化、组织覆盖网格化、思想教育有形化、党内关爱具体化、履职考评指数化，从完善制度和机制的层面着力解决好基层党建根子上的问题，构建压实党建责任闭环体系。

季度点评，面对面传导。针对党建压力传导不够的问题，景宁依托"大赶考"这一平台，推出了"书记面对面点评、责任一对一传导"的工作做法。每个季度由所有县委常委、组织部部务成员和乡镇街道党（工）委书记参与站立式简短点评，并举行贴牌仪式，选取工作完成较好、工作推进落后和工作进步较快三类乡镇（街道）自我贴牌，作典型发言和表态发言。县委书记根据不同单位前阶段党建工作情况，进行面对面点评，指出存在问题，明确下步工作方向，让先进的受表扬、得激励，落后的红红脸、出出汗，进步的明方向、有动力。2017年8月，丽水市委组织部在全市基层党建重点任务推进会上向全市推广该做法。

责任审计，实打实推进。在季度点评的基础上，景宁将审计理念引入了党建责任评审过程，通过动态审计和固定审计相结合的方式，提出了党组织书记党建审计制度的概念，压实党建责任工作得到了一个提升。该做法被中组部《组工信息》、中组部《共产党员》栏目、《浙江日报》等宣传报道。

离任评审，点对点交接。2019年，县委组织部在"大赶考"年度目标中提出要深化党建责任做法。在乡镇（街道）党（工）委书记、县直部门党委（党组）书记离任时进行离任交接，对书记任上的党建绩效进行审计，并将党建工作与继任领导干部进行交接。同时，对近三年季度点评、年度评审、离任审计进行全面总结、系统提升，出台乡镇（街道）党（工）委书记党建绩效制度。在2018年全市基层党建重点任务推进会上，市委组织部对该做法进行了重点推荐。

（三）工作特色

突出抓常，细化指标，构建党建政绩评审闭环。抓重点、重点抓，围绕党建引领作用情况、党组织建设情况、"头雁队伍"建设情况、党员队伍情况、基层党建重点任务落实情况、基层党建领域改革创新情况等基层党建重点内容，按照全闭环、无缝隙的要求，严格实行履职评审与离任审计。在履职评审上，突出抓平时、平时抓，按照可量化、可考核、可评比原则，采取县委书记面对面季度点评和年度评审相结合的方式，把每季度列出的重点任务落实表作为季度评审的重要标准进行考评；年度评审主要依据季度点评结果和书记抓基层党建述职评议得分情况，对全年党建工作进行系统盘点，逐一明确存在问题，加快落实整改。在离任审计上，突出乡镇（街道）党（工）委书记在任职期间党建工作的政绩，主要根据季度点评、村党组织建设、村干部队伍建设、党员队伍建设、基层党建重点任务、年度"大赶考"排名等方面与就职时的对比。同时，把重大任务的落实情况列入指标，作为评审党建政绩的"试金石"和"磨刀石"，作为检验党建政绩的重要参照系数，避免出现党建业务和中心工作"两张皮"。

优化方式，突出精准，真实反映党建工作实效。在季度点评过程中，每季度组成调研组，通过不打招呼、直奔一线的实地督查，结合日常工作推进情况，按照百分制对各单位进行打分。在年度评审过程中，不组织专项现场考核，主要以季度点评结果和基层党建述职评语现场得分为依据。在离任审计过程中，围绕党组织建设、党员队伍建设、基本制度落实、"消薄"任务完成等工作，分别建立数据库，动态管理、实时更新，作为离任审计基础。此外，根据季度点评、年度审计、离任审计情况，围绕党建责任审计的基准指标，逐条逐项对比，分别形成专项报告，并根据工作推进情况进行定档。截至目前，已对21个乡镇（街道）党组织，发出各类评审报告57份、指出问题648个。

奖优罚劣，传导压力，强化政绩评审结果运用。将党建政绩作为考察乡镇（街道）党（工）委和党务干部的重要标准，对季度排名靠前的书记和党务干部，口头表扬；年度评审定档"好"的，作为拟提拔和转任重要岗位对象；年度评审"差"的，给予约谈、诫勉、函询、调离岗位等组织处置。离任审计结果存入个人档案，作为以后使用的重要依据。截至目前，通过党建政绩评审，全县共有3名乡镇（街道）党（工）委书记得到了重用，12名乡镇（街道）党（工）委书记被调离岗位或组织处理。

(四) 主要成效

通过近两年的实践，推行乡镇（街道）党（工）委书记党建绩效评审制度，构建压实党建责任闭环体系，成为系统压实党建责任的有效方式。

党建责任层层压实。推行党建绩效评审制度，通过履职评审和离任审计，使乡镇（街道）党（工）委书记从上任第一天到离任的那一刻，实时感受到压力，倒逼各书记时刻把握党建责任。在季度点评和年度评审中，县委书记率先担负起"第一责任人"责任，向各乡镇（街道）"一把手"层层传导党建责任。各乡镇（街道）接力推出村党支部书记抓党建季度考核通报制度，将压力逐级分解、逐层传导至基层末端，实现"一把手"抓、抓"一把手"，一级带一级、层层抓落实的党建责任传导体系。

党建任务落地生根。通过构建压实党建责任闭环，有力推动党建各项任务落到实处，激发出各级党组织书记破解党建难题的积极性和主动性。如在行政村规模调整过程中，各乡镇（街道）主动扛责、包抓包干，各村党组织严格执行。景宁全县12000多名党员、2500多名村干部，与县委保持高度一致，凝心聚力，在丽水市率先又好又稳完成各项工作任务。

基层战斗堡垒全面增强。切实增强了"一把手"抓党建的主角意识，充分发挥了基层支部书记抓党建"领头雁"作用，基层党组织战斗堡垒作用得到全面深化。如在扫黑除恶专项斗争中，有效发挥基层党组织和党员作用，积极开展"利剑一号"等集中统一行动，成功打掉涉恶团伙5个，在浙江省平安办公布的首份"平安浙江指数"中，景宁位列89个县（市、区）第一。

党建引领作用更加凸显。通过压实党建责任、落实党建任务，基层的战斗堡垒作用和党员的先锋模范作用进一步增强。在党建引领下，有力地推动了全域旅游、"五水共治""三改一拆"、小城镇环境综合治理等中心工作，基层党建成为畲乡跨越发展的核心战斗力。如城南棚户区（城中村）改造项目十年来两次谋划但均未启动，通过组建临时党支部，党员干部带头签约、带头腾空、发挥作用，11个月完成土地征收476亩，拆除建筑物12万平方米，自愿签约率、腾空率均达到100%。

党建绩效评审的探索，既解决了党建考评虚化的难题，又实现了党建责任的层层压实，对于强化各级共产党员的人民立场无疑是一剂强心剂。

十三　高标准建设党群服务中心，构建党群服务新格局

随着城镇化进程的加快，流动党员活动难组织、作用难发挥，已成为摆在基层党委面前一道必须解答好的难题。在"大赶考"热潮之下，景宁党政部门的干部们敢于向流动党员管理服务等难题"亮剑"，高起点谋划建设了畲乡景宁党群服务中心，不仅架起基层党组织与党员群众之间的"连心桥"，而且全面提升基层党建科学化、规范化水平。

（一）工作背景

基层党建所面临的农村"空心化"、农村流动党员教育管理等问题，是畲乡景宁党群服务中心这一工作亮点得以孕育而生的起点。组织部门的干部们在走访调研中发现，随着"亲带亲、邻帮邻"在外景宁人创业模式的发展，小超市、小宾馆、小水电的"三小经济"

逐渐壮大，党员工作地点和方式越来越多元化，支部建在山上、楼上、网上甚至在国外，已经成为一种普遍的现象。在新常态下，基层党组织面临着党员找不到组织、有组织不活动等乱象。全县农村党员总共7000余名，其中外出党员近60%，这些流动党员存在参加组织生活难、组织学习难、日常管理难等问题。

畲乡景宁党群服务中心的建立，是组工干部们在努力开创基层党建新局面上做出的探索，实现党员工作生活在哪里、党组织就覆盖到哪里，让党员无论在哪里都能找到组织找到家。它为流动党员在景宁、在域外安了"家"，让流动党员"流动不流失、离乡不离党"，进而激活基层党组织建设的"神经末梢"。

（二）工作谋划

2018年，县委组织部立足景宁实际，立志打造既突出政治功能、提升组织力，又能组织党员、服务群众，还能领导社会治理、推动改革发展的党建服务综合体。建设前期，远赴上海、苏州、杭州等地学习考察，明确了"精神家园、学习阵地、党建平台、服务窗口"的四个定位，并数十次邀请专家现场指导，修改完善设计稿30余次。建设过程中，统筹协调各方资源，抢抓进度，想办法、解难题，仅用6个月高标准建成党群服务中心，于6月29日正式开馆。

畲乡景宁党群服务中心是丽水全市乃至浙江全省功能最齐全的党群服务中心，占地2800多平方米，设接待区、展示区、服务区、活动区、培训区和学习区六大区块，集展览展示、办事会务、教育培训、志愿服务、休闲活动为一体，为覆盖全县党员群众的多功能综合型服务中心。开馆以来，县内外近6万名党员群众到中心参观学习，接受党性锤炼，认领微心愿。该中心建设工作是县委组织部

2018年创新实干"大赶考"的特色工作，这也是全体组工干部特别能谋划、特别能吃苦、特别能战斗的"赶考"硕果。

（三）工作特色

打破部门壁垒，实现资源共建共享。党群服务中心定位于以最便捷、最温暖的服务，让党员群众享受共建共治共享的成果。**一是**创新群团单位联合办公模式，团委、妇联、工商联等群团单位统一进驻中心，开放式办公，形成"一口子研究、各家牵头实施"的工作格局。**二是**纪组宣统协同推进大党建平台建设，如县委宣传部将新时代文明实践中心与党群服务中心同建设同部署，开展各类文明实践活动；县纪委依托中心，推出"驾照式"党风廉政应知应会知识考试系统；县委统战部在中心打造乡贤联谊总会活动阵地，开展乡贤理事例会、民主恳谈会等活动。**三是**开放场地预约，实现资源共享，为外出领军人才聚会交流、党员活动开展、单位部门培训提供便利场所，实现组织共建、资源共享、活动共办。

融合多种元素，打造城市会客大厅。大开中心之门，招贤纳良，先后完成省政协委员客厅、浙江（景宁）民族干部培训中心、新社会阶层人士实践创新基地、离退休干部党建共享基地等10多个基地的建设入住，吸纳不同阶层、界别、类别群体聚集开展各类活动。党员群众可以在这里参政议政谈国事，可以在这里举办各种主题沙龙，可以通过社团组织娱学娱乐，可以在这里寻求就业育儿等各种帮助，可以或物资、或技能、或劳动献一份爱心，也可以在这里参观展厅、看画展、逛书吧，开展亲子游，等等。中心成为纵横社会、百姓乐往的"大会客厅"。

注重分类施策，搭建交流活动平台。从实际出发，把握不同领域党组织的差异性，把握不同层面党员群众的需求和特点，把党建工作渗透、传递、融合到各层级党员的方方面面。**一是**推出定制主题套餐，比如以"弘扬践行浙西南革命精神"为主题，设立浙西南革命精神、忠勇精神临时展区，创建"红色菜单"，探索推出"6 + N"定制主题党日，不同党组织可根据自身需求，定制专属主题活动"套餐"，县内外 520 多个党组织 12000 多名党员先后前来定制主题党日活动，中新网、《浙江日报》等媒体先后点赞。**二是**培育特色品牌，抓实党员夜校、政治生日等中心固定特色品牌。如各乡镇按时组织流动党员，集中开展"三会一课"、读书会、党员教育培训等活动，教育引导党员增强"四个意识"，坚定"四个自信"。**三是**运用群众喜闻乐见的形式，推动便民服务资源下沉。例如设立微心愿墙，认领完成微心愿 1538 条；设立留守儿童和困境儿童激励基金和为农村留守老人免费理发爱心加油捐助平台，筹集善款 3 万余元；搭建"景宁 600"农产品展销平台，曾创下短短 1 个月内销售额近 10 万元的纪录，促进村集体"消薄"、助力"景宁 600"品牌推广的做法得到《乡村干部报》点赞。

（四）主要成效

畲乡景宁党群服务中心建成开馆以来，其科学规划、整合资源、开放服务、抓实区域化党建的做法，获得多方赞评。2018 年 8 月，浙江省委常委、组织部部长黄建发在中心调研时指出："畲乡景宁党群服务中心建设体现了'群众在哪里，党的工作就到哪里'的基层党建理念，具有很强的实用性。"党群服务中心在激活"神经末梢"、盘活基层党建的过程中，实现了从"有形覆盖"到"有效覆盖"的转变。[1]

---

[1] 目前，景宁县党群服务中心共接待团队 1786 个 59433 人次，提供会务服务 1431 场 53742 人次；开展政治生日 621 余人次；开展流动党员夜学 62 期，接待流动党员 4680 会名。

虚功实做，构建了党员干部的精神家园。通过景宁今昔历程的展厅展示、红色书吧、定期政治生日、认领群众微心愿等举措，把思想层面的信仰化为有形的阵地，让党员干部群众在历史和书籍中寻找、感悟和践行初心。在全县党员干部心中，形成了党群服务中心是我们党内的阵地，是党员活动的一个场所的理念，强化了党员干部归属感。

开放讲习，打造了畲乡人民的学习阵地。党群服务中心每季度开展新思想讲习课堂，分层分类向全县党员讲授习近平新时代中国特色社会主义思想；每季度开展人文大讲堂、畲乡党建论坛、舒心课堂，邀请专家学者专题讲授党的建设、历史文化、人生哲理、心理健康等内容；每月开展政治生日活动、读书会、各类沙龙等，为全县党员干部群众送上形式多样的"学习大餐"。

集成管理，构筑了畲乡景宁的党建平台。一方面，让流动党员有了固定活动场所。定期开展流动党员"夜校"，将流动党员学习、活动固定化，有效解决流动党员活动难开展、作用难发挥、管理难到位等问题。通过开展主题党日PK赛、畲乡党建论坛、"小支部联盟"[①]、优秀案例评选等活动，扎实党建基础，提升党建工作质量。另一方面，党群服务中心进一步整合了纪委、组织部、宣传部、统战部等党委部门职能，发挥"连接点"的作用，通过精选主题，定期组织活动，让党委部门面向社会、走进群众，不断发挥和完善畲乡景宁党群服务中心在党的政治建设、思想建设、组织建设、作风建设、纪律建设、制度建设和反腐倡廉建设中的综合功能，推动党建水平迈上新台阶。

---

① "小支部联盟"是由党员人数在7人以下的支部组成大联盟，通过联盟各方共同谋划方案、"轮流坐庄"主持的方式，开展好主题党日等活动，推进支部之间互联互动、互帮互建、共同提升。

助推改革，搭建了党员群众服务窗口。工作主体由管理者变为服务者。团县委、妇联、工商联等党群部门，统一进驻党群服务中心，实行开放式办公，面对面为党员群众服务，形成区域融合、块状聚力，推动了群团改革，提升群团工作效率与活力。建立了人才之家、众爱空间、便民办事固定点等服务载体，党员群众除了办理政策咨询等常规事务，更多的是寻求帮助和享受服务，相较于传统的办公方式，"党群联动、多方联办、开门服务"的办公方式更加贴近党员群众心理。在中心，党员群众向干部和党员志愿者提出诉求，服务形式由"指定式"向"菜单式"转变。过去群众被动接受"计划式"服务，如今中心"组团服务"，成立了各类服务小组，党员群众按需"点菜"，工作人员保障"后勤"，尽量满足群众多样化需求，推进"最多跑一次"改革向基层延伸，民意回应更加顺畅。

总之，景宁的党群服务中心是大党建理念下，直面基层党建面临的农村"空心化"、农村流动党员教育管理难等难题的一项较为成功的探索创新。

十四 "清廉指数"评价体系，构建基层 政治生态"体检表"和"坐标尺"

"大赶考"机制是否真正动员起了干部队伍的主动性和积极性，从他们谋划"赶考"目标时主动内求的态度就可窥见一斑。2018年以来，景宁县纪委监委将政治生态评价作为重点调研课题，列入年度"大赶考"创标杆内容，组织骨干力量在政治生态的量化评估、动态监测上研究破题，推行"清廉指数"评价体系，使区域政治生态有了"体检表"和"坐标尺"，探索出了一条融合基层实际的政治生态监测预警、分析研判和协同治理的系统监管新路径。

（一）工作背景

政治生态建设日益重视，但评价尚无统一标尺。党的十九大报告强调要"营造风清气正的良好政治生态，通过不懈努力换来海晏河清、朗朗乾坤"。中央纪委副书记、国家监委副主任徐令义指出，"政治生态不是朦胧含混、虚无缥缈的，相反，政治生态恰恰是具体现实的，如同自然生态一样是可透视、可检查、可量化的"[①]。但从现实情况看，各地对政治生态的评价尚处于探索阶段，尚无统一标准和方法。

清廉浙江全面推开，但基层实践有待突破。2017年，浙江省第十四次党代会首次提出"清廉浙江"建设目标。2018年，浙江省委十四届三次全体（扩大）会议审议通过了《中共浙江省委关于推进清廉浙江建设的决定》。推进清廉浙江在基层的生动实践，建设与景宁山清水秀自然生态相匹配的政治生态，亟待建立一套有效的监测评价系统。

全面从严治党纵深推进，但动态监测存在空白。"把党的政治建设摆在首位"，这是新时代对全面从严治党提出的新要求。当前，自然生态环境早已探索建立了包括水、大气、土壤等一整套完整的监测评价体系，但政治生态的动态监测尤其数字化监测，目前仍是空白，有待立足地方实际，探索对辖区政治生态常态化开展"政治体检"。

（二）工作谋划

概念"具体化"，把整片"森林"管起来。引入层次分析法，

[①] 徐令义：《政治生态的"七看""七着力"》，《学习时报》2018年4月4日第A1、A3版。

运用定性与定量相结合的方式,对全县各乡镇部门、行政村政治生态进行全方位监督评价。**一是**坚持点面结合,确保监管无盲区。处理好"树木"与"森林"的关系,既紧盯"关键少数",将领导班子特别是党组织主要负责人遵守政治纪律和政治规矩、履行主体责任、干部选拔任用、意识形态等情况作为重点内容,突出"关键少数"在政治生态中的引领作用;又注重管好"绝大多数",将干部作风建设、勤政廉政、"四种形态"运用等情况纳入评价范围,强化政风、行风、社风乃至民风对政治生态的影响。**二是**坚持分类设置,确保对象全覆盖。针对不同的评价单元,政治生态评价内容有所区别,将政治生态评价指标体系分乡镇(街道)、县直部门、行政村3个版块。其中,乡镇(街道)围绕政治清明、政府(政务)清廉、干部清正、社会(行风)清朗等方面76项指标对全县21个乡镇(街道)、61家县直单位开展评价;村级指标围绕班子清廉、村务清爽、民风清朗、干群和谐4方面15项指标对136个行政村开展评价。**三是**坚持分层建模,确保内容多维度。在"四清"总体框架指导下,分层构建了多维度的立体评价体系。分层次设立三级指标,同步对应具体评价标准和方法,层层递进形成严密的指标测评步骤。同时,引入社会评价机制,注重倾听人民群众的评价和意见。

评价"科学化",为政治生态精准"画像"。坚持分类设置、规范操作,探索形成部门协同、动态分析、科学研判的工作机制。**一是**压实评价责任。将"清廉指数"作为基层纪检监察系统开展日常监督的重要抓手,落实派驻纪检监察组、乡镇纪委、村监会围绕职能职责,动态开展监督检查,抓实基础数据采集,定期组织分析评价,并逐一绘制工作流程图,实行"一月一报告、一季一汇总、半年一小评、年终一总评"的评价机制,形成纪检监察系统整体联动格局。**二是**建设监测站点。强化对评价指标的日常监测,紧扣县委、县政府中心工作,将重点项目推进、"最多跑一次改革"、三资管理、移风易俗、扫黑除恶等纳入重点监测参数,在农业农村局、信访局以及县纪委、监委机关等13个单位设立"清廉指数"监测站点,动态采集各类考评数据,汇总集成"大数据"系统,反向测评各派驻纪检监察组、乡镇纪委评价的准确性、客观性。**三是开展综合评审**。强化对"清廉指数"评价数据的审核把关,组织县纪委、监委有关科室,并邀请部分"两代表一委员"、特约监察员召开评审会,同时还引入社会评价机制,注重倾听人民群众评价和意见,将业务部门的"专业分"与人民群众的"获得感"相结合。

运用"有效化",切实做好"后半篇文章"。坚持反馈、提醒、预警、问责多管齐下,切实把评价工作成果转化为政治生态建设成果。**一是分级反馈,层层压实责任**。依托评价结果出具政治生态评价报告,分别向县委县政府主要领导、分管联系县领导、被评价单位主要负责人及行政村党组织进行反馈,压紧压实主体责任和"一岗双责",准确掌握所辖区域政治生态状况。**二是适时预警,突出问题整改**。对于每半年政治生态评价低于80分,或者排名后三位的乡镇(街道)、县直部门、行政村,及时发出预警通知书或提醒通知书,直指政治生态建设突出问题,找准改进方向和优化举措,切实做到重大问题即时预警,一般问题及时反馈。**三是追责问责,树立鲜明导向**。对于年度政治生态评价得分低于80分,或者排名后三位的乡镇(街道)、县直部门、行政村,由县委或所在乡镇党委对单位(村)主要负责人进行提醒谈话,连续排名靠后的,将根据有关规定严肃追究责任。同时强化对政治生态整治情况的跟踪分析,对维护辖区政治生态不力、问题整改不彻底的单位和个人,实施问责机制。

(三)工作特色

融合一套体系。"清廉指数"将主体责任考核指标融入其中,在内容上更全面、外延上更宽泛。通过"清廉指数"的日常采集、动态测评,回应了考核重在日常的导向,"清廉指数"动态测评的内容可以直接作为考核的依据,实现年终考向平时考转变,形成了评价与考核互为转换、互相印证、相辅相成的基层监督治理新机制。

压实两个责任。一方面,提供了做细做实日常监督的载体。以"清廉指数"倒逼监督主责主业落实,使得基层纪检监察组织日常监督、同级监督有了载体,有效破解了长期以来纪检干部不敢、不善、不会监督的状况。另一方面,强化了从严治党的压力传导。以预警通知书、提醒通知书、问题反馈单、评价报告单等方式,向各级党组织及时反馈存在的"污染点"及分析反映出的"污染源",督促抓好整改落实;又以编制发布"清廉指数"排行榜、显色绘制"清廉地图"等形式,使各地各单位的政治生态优劣一目了然,进一步传导履职压力。

实现三级联动。围绕三套评价指标体系,同步推进县、乡、村三级政治生态评价,形成一级带动一级、一级监督一级、一级向一级负责的内在联系,实现全方位动态监督。同时,加强部门之间、科室之间的协同联动,及时收集分散于组织部、宣传部、信访局等部门,以及纪委监委信访室、案管室、审理室等内部科室的各类日常监督考评数据,通过大数据进行分析研判,全面掌握政治生态状况,为靶向治理苗头性、倾向性问题,综合研判发现规律性问题提供了依据。

贯通四个监督。"清廉指数"推进了纪律、监察、派驻、巡察"四个监督"有效贯通。一方面,"清廉指数"基础信息数据来源于日常监督,只有监督准确、客观,才能精准印证政治生态状况。另一方面,"清廉指数"评价结果为日常监督提供了靶向,对"清廉指数"排名靠后的单位,有针对性地作为巡察监督、专项监督重点,实现"清廉指数"指向哪里、监督就跟进到哪里。

（四）主要成效

"清廉指数"评价体系，以简单明了的数字指标、体检报告单式的形式，把原本抽象、内涵复杂的政治生态概念具体量化又不复杂，相比目前各地通行的以文字描述对政治生态进行评价的做法，基层干部群众更易于理解、接受和操作，也更利于开展政治生态的靶向性治理、对比性分析、阶段性跟踪评价，为探索基层政治生态建设路径提供了可复制、可推广的景宁经验和景宁方案。"清廉指数"运行以来，景宁共发布"清廉指数"排行榜6期，发出政治生态"体检报告"156份，开出"药方"23份，靶向治理"污染点"685个，为县委优化区域政治生态提供了决策参考。

该做法在浙江全省率先推出，为推进"清廉浙江"建设在基层具体实践提供了示范。2019年，"清廉指数"被列为丽水市纪检监察系统重点研究课题，并荣获全市"十佳工作品牌"，经验做法以现场会形式在全市推广。同时，这一做法也得到了省市纪委的充分肯定，吸引了省内外纪检监察同行前来考察交流。10余家中央和省市主流媒体先后刊登报道。

习近平总书记强调，自然生态要山清水秀，政治生态也要山清水秀。[①] 景宁县纪委监委以志不求易的胆识和事不避难的智慧，成功实现了年度"大赶考"标杆创建目标。

上述一个个前沿的思路、新颖的做法、变化的数据，都展示着在景宁"大赶考"机制动员下，干部队伍治理能力显著提升，并带

---

① 这是2015年3月6日习近平总书记在参加十二届全国人大三次会议江西代表团审议时的部分讲话内容。

来基层治理的真实改观。

不难发现，上述亮点至少包含几个共同之处：一则每一个亮点似乎当由某一部门负责，但其出彩之处都凝聚了几乎整个景宁县干部的力量和心血，"大赶考"机制促使政府各职能部门协作、促使政府各层级配合的优点展露无遗。二则某个工作亮点的出现必然有主责单位通观全县乃至更高层级的工作视野，方能最终赢得工作谋划的顺利实现，"大赶考"机制促使基层政府内部各层级单位以及各职能部门保持大视野、大格局的作用在基层治理的现实实践中得到了发挥。工作亮点的层次和特点，使得干部队伍在"赶考"路上得到历练这一事实更是毋庸赘言。

其实，"大赶考"机制激发出的干部治理活力远不止上述十余个方面。没有虚化的形式主义，也没有刻意的标新立异，在切实激发出担当作为的士气之后，党员干部们的工作亮点不胜枚举，并且还将持续涌现，基层治理也将随之持续得到改善。

附录二 "大赶考"陈述会观摩及访谈(节选)

2019年1月1日 新年出发去"赶考"

公历新年第一天。景宁课题组一行已经出征,开启新一年的调查研究工作。傍晚时分,调研小组到达浙江省丽水市景宁县县城,准备在未来几天观摩和调研当地的"大赶考"情况。虽然时值冬日,依然绿树成荫、云雾环山,一如初见般亲切。

"大赶考",是当地县委、县政府回应和遵照习近平总书记对景宁"志不求易、事不避难"的批示和勉励,落实浙江省委和丽水市委重大部署,结合景宁发展优势和短板突出的实际,做出的重要决策,是直面景宁发展实际、正视干部队伍建设问题做出的思考和探索,具有重要的政治学研究价值和意义。此次行程,课题组按照计划,一方面现场全程观摩"大赶考"年终陈述会,另一方面根据观摩了解的情况,实地调研部分职能部门和乡镇。

改革开放四十年之后,当代中国基层政府的压力越来越大,责任也越来越大,面对挑战,一个县级政府,如何借助"大赶考"的机制和平台,化工作压力为前行动力,化工作责任为展示平台?"大赶考"机制的提出初衷和背景是什么?这一机制是否能够真正解决干部"懒政""怠政"问题?如果能,它发挥作用的核心要义和运作机理又是什么？这一制度设计对于基层乡村社会治理又产生了什么样的影响？这一制度设计之初是否考虑了当地的人文传统因素？该项制度实行两年来，是否契合和适应了当地的历史文化特点？

感谢这个时代，孕育出类似"大赶考"的一大批基层制度创新和探索。带着上述这些问题，课题组成员亲身见证、参与和思考基层制度的探索和改进，地方治理的实操迭代和理念深化。

以下日志有一部分因为电脑故障而丢失后重新补写，失去了不少当时的现场感悟，当然，多了一次重温和梳理的过程，虽然带些许遗憾，倒也别有一番回味。

2019年1月2日 "大赶考"乡镇（街道）陈述会观摩及讨论会

寒风扑面却不凛冽。今天是2018年度景宁全县干部"我的努力我的分"陈述会的第一天，也是中国社科院政治学所学者现场观摩县级层面干部年终考核内部陈述的第一次。

畲乡景宁"志不求易、事不避难"创新实干大赶考之"我的努力我的分"陈述会将于1月2日下午至1月4日上午举行（实际共两天时间），整体安排了乡镇（街道）、经济管理部门和垂直管理部门、社会管理部门和临时机构、党群部门4个场次，参会人员主要包括副县级以上领导干部、陈述单位班子成员、部分"两代表一委员"及村干部代表40人，观摩人员包括，对应场次的县直机关单位主要负责人、乡镇（街道）党政正职、"大赶考"工作分管负责人或其他班子成员、部分专家代表、媒体代表。各场次内的陈述单位按照抽签顺序依次开展目标陈述，时间限定在7分钟以内。参会的县领导和"两代表一委员"、村干部代表现场进行评分。

陈述会由全县各乡镇（街道）、经济管理部门和垂直管理部门、社会管理部门和临时机构、党群部门等102位机构"考生"分批次

附录二 "大赶考"陈述会观摩及访谈（节选）

上台陈述，汇报本单位2018年赶考实绩，晒一晒新时代答卷。时任丽水市副市长、县委书记陈重等四套班子的领导和部分"两代表一委员"、基层群众代表到现场听取陈述会，并参加"阅卷"打分。在两天多的时间里，各单位汇报自己去年一年的工作，给自己打分，并对下一年工作做出计划。

今天参与陈述会的是各乡镇（街道），属于同一类机构，考核、评比相对具有同一性。各乡镇（街道）都以党建引领，依据本地实际，做好自己的工作，体现各自特点。

家地乡主要整治小城镇，突出环境美。整治180多天，付出很大辛劳，获得良好成绩。渤海镇东西南北左右兼顾，库南库北共同发展，解决移民问题。鹤溪街道创新实干，畲家田园创建浙江示范，民生实事成就幸福鹤溪。秋炉乡整治乡村环境，打造美丽秋炉，提升村民幸福感。东坑乡一年来33项具体任务完成率100%，干在实处，外扬芬芳。梅歧乡打造红色小镇，全年17个"赶考"目标全部实现。景南乡做好农业旅游融合发展，大力发展"景宁600"农产品。大漈乡用产业兴旺把乡村振兴落到实处。雁溪乡提升茶叶产业附加值，提高人均收入。红星街道奋战担当，打造"最多跑一次"四个平台，为民服务。九龙乡全力打造中蜂产业，连续三年不断进步，提高了农民收入。标溪乡将本乡打造成"小而精，精而美，美而富"的"烟雨江岸，花港标溪"。英川乡发展风情古镇，展现幸福英川。沙湾镇"修枝剪叶"展风采，着力改变古镇面貌。郑坑乡将畲家年猪建成主打产业，名声远扬。鸬鹚乡是马仙故里，手中有宝，打造畲茗工坊。大地乡成功推广"景宁600"系列农产品，帮助小农户对接大订单。大均乡提升里子，增强内生动力；擦亮面子，提升窗口形象。梧桐乡下大力气解决二十年未解决任务，完成土地确权。

观察陈述会全局，这是包括县级领导班子成员在内的全县干部一次性了解全县一年工作的良机，免去了很多上级赶场走访、下级忙于接待的无谓忙碌和年终乱象；同时，也有利于各个职能部门和乡镇（街道）年终好好总结，厘清亮点和不足，及时查漏补缺，并对照兄弟单位，认清自身所处的位置，提前规划来年以及今后的改进内容和发展方向。

观察上台陈述的团队，可以发现"大赶考"年终陈述促进被考核单位的进步和成长。各陈述团队的陈述内容都统一规划为亮点、短板和自评分三个部分，多数十分注意强化团队意识：表现之一，统一服装上台，双手合握于腹前，一般由主持工作的负责人配合幻灯片放映加以陈述。表现之二，多数陈述团队注意运用演讲技巧和喻指等修辞，例如，"干在实处，外扬芬芳"，"志不求易在思，事不避难在行"，"立身行道，终始如一"，"行而有思，思而难寐"，"人勤春来早，奋进正当时"，加之注意利用声调变化，并且突出工作亮点或典型人物，常常能够将现场气氛烘托得群情激奋。表现之三，强调用数据说话，通过纵横比较突出自我。表现之四，强调党建，站位清晰。

观察听众群体，可以发现"大赶考"年终陈述促进了地方治理实践者和评判者的共同进步。除了专家观摩团以外，陈述会听众群体主要分为县委县政府领导班子成员、人大代表、政协代表、村干部代表和部分媒体代表。其中，村干部代表主要来自 10 个综合先进村的村支书。也许因为陈述会与自身紧密相关，对于现场参与者而言就产生了一种压力，有了压力也就带来了动力，全场听众交头接耳者较少，聚精会神者居多。中场休息时访谈了几名村干部代表、党代表，他们做判断时都比较理性，也表示在给各陈述单位打分时不太受演讲技巧影响。可见，干事者、评判者都在进步，"大赶考"

促进了运动员、裁判员的同步成长。

根据各单位的陈述情况，发现以下几个问题：其一，结合景宁当地的特点，其畲文化、土文化有待进一步挖掘。其二，对于"丽水之问"①，"大赶考"机制对此做何回应？其三，虽然有"四边三化"、小城镇环境整治、大搬快治等项目抓手，"大赶考"整体机制的常态化有何长远考虑？这些有待景宁进一步探究。

观摩当晚，课题组专门就上述问题展开了讨论，一则碰撞感想，二则对后续调研安排提出补充意见。"大赶考"机制的优势作用显著而且较多，一方面让原来不干活的人干活了，一方面不"一刀切"，干活的人有自选题空间。现在面临的困惑在于，一是机制本身的可持续性问题，是否一直让全体干部处在"绷"的状态之下；二是机制实行时间不长，截至目前为两年多时间，不便过满评价；三是节奏把握问题，担心落后人员"破罐子破摔"，只是定位于完成任务。关于目标如何定，分值如何设定，权重如何安排，各个代表如何选择，各单位对于结果分是否服气，县级以下"大赶考"中被"赶考"者团队内部的成员如何考核，都需要在接下来的几天中继续寻找答案。

2019年1月3日 "大赶考"经济管理部门、社会管理部门等陈述会观摩及访谈

今天进行"赶考"陈述的职能部门分两批，上午是20个经济管理部门和4个垂直管理部门，下午是18个社会管理部门和2个临时

---

① 2018年5月2日晚，丽水市委书记张兵在第28次全市乡镇（街道）党（工）委书记工作视频交流会发表主题讲话，讲话中向全市干部发出两个"丽水之问"："当发达地区拥有了金山银山，又修复了绿水青山，而景宁仍然只拥有绿水青山的时候，景宁情何以堪？当自然禀赋和区位条件差不多的邻居，原先不如景宁，现在超过景宁，而且很有可能远远超过景宁的时候，景宁又情何以堪？"

机构。国土资源局、林业局、财政局、供销联社、望东垟管理局、建设局、旅委、开发区管委会、经合办（招商局）、水利（渔业）局、发改局、千峡湖管理处、科技局、交通运输局、环保局、经济商务局、审计局、度假区管委会、丽景园管委会、农业局、税务局、住房公积金管理中心、电力局、气象局；民政局、移民办、社会综合服务指挥中心、综合执法局、教育局、广播电视局、民宗局、法院、市场监督局、审批中心、公安局、安监局、卫生计生局、司法局、信访局、文广出版局、人力社保局、检察院、美丽办、大搬快治办，分别介绍本单位上一年度"大赶考"的情况和下一年的目标。

观摩发现，答题呈现出几大特点：第一，职能部门定位清晰，思路明确，基本为全局性谋划和系统性思考。例如，有的部门将年度业绩纳入单位的三年规划，显示了不囿于短期的"赶考"思维。第二，站位明确，单位陈述都把党建引领作为全部工作的抓手和基础。第三，各个职能部门都是跳起身来摘桃子，踮起脚尖定目标。第四，职能部门的陈述较乡镇（街道）更加系统完整，成熟流畅。第四，善于抓住关键字，概括出结构框架。第五，也注意运用励志名句提振士气。例如，"山无静树，川无停流"；"水，流行赴百仞之溪而不惧"；"责任在心重千钧，使命在肩当奋进"；"不驰于空想，不骛于虚声"；"昙花如米小，也学牡丹开"。

问题在于，对于部门面临的历史遗留难题，或者需要多部门配合解决的难题，"大赶考"机制能够发挥什么作用？

观摩聆听部门"赶考"陈述，有助于及时、直观地了解各部门的工作特点，也有助于借机了解景宁全县政府工作的亮点。相信在场的干部同样有此获益。例如，县广播电视台建立了浙江全省首例融媒体中心，县教育局多年在优质均衡教育领域拿奖，现代农业领域也创下了丽水地区唯一一个特色农业强镇，等等。

附录二 "大赶考"陈述会观摩及访谈（节选）

从部门陈述中可以发现问题，引出思考：

一类是部门提出的自我工作短板，并非依靠单个部门能够解决，实际指向的是全县带有普遍性的发展问题。例如，县科技局提出自己部门的工作短板包括研发经费"居底难起"，指标考核要求与县域科技发展水平矛盾迭起。

一类是部门提出的问题实际反映出全县性的制度问题。例如，农业局提出的几个工作短板问题，映射了景宁农业的现存问题，包括县农村资金匮乏，基础设施落后，农业主体实力下降；农业项目小而多，干部创新意识不够强。这些在一定程度显示了农业规划和相关制度建设的不足。

一类是部门提出的短板直接指向"大赶考"机制的困惑或者局限。例如，社会综合服务指挥中心提到的工作短板包括，缺少统一规划和统一审批，容易重复建设；缺少信息化建设人才；个别部门职责不清。"大赶考"机制是否无助于职责明晰？

全天观摩结束，课题组又与当地领导干部进行了一次访谈。访谈前，我们准备了一些问题，包括：第一，关于"大赶考"的由来，"大赶考"的起因是什么？第二，关于"大赶考"制度的可持续性，干部压力神经能够"绷"多久？第三，会不会为了"赶考"高分，出现新形式主义等"四风"问题？第四，"大赶考"机制如何推进政策执行？如何推进部门、乡镇（街道）的职责明晰问题？如何推进解决历史遗留问题？第五，县级以下"大赶考"，被"赶考"者团队内的成员如何"赶考"？是一路复制做法吗？第六，"大赶考"中总有排名靠后的部门和乡镇（街道），对于它们有什么举措？第七，"大赶考"机制的常态化有何考虑？第八，"枫桥经验"在公检法等多个部门的"赶考"陈述中提到，对于其新时代示范，景宁县有何考虑或者做法？

A 同志介绍了"大赶考"的发起缘由和近两年的实施情况。

"大赶考"首先考虑到，既存在有些干部不敢担当、不敢作为、不愿作为的现象，又存在基层干部晋升"天花板"的问题。所以景宁考虑国家治理当中面临着什么样的实际问题，欠发达地区主要的问题是什么，怎么才能让景宁不拖浙江的后腿，不拖国家的后腿。这个问题可以分成几个方面：第一是地方治理的发展方向，不同区域的定位不同。第二是地方发展的抓手问题。景宁是从"两山理论"出发。第三是干部激励问题。第四是如何提高政府治理绩效问题。

关于"大赶考"机制的起因，是希望在选人用人和结果运用上做环节的约束。主要考虑了几个维度："志不求易、事不避难"，这八个字是习近平总书记对景宁的勉励，景宁既要把它可操作化，又要让它具备工作载体的功能。景宁发展短板是产业支撑不足，内生动力不足。产业支撑不足主要体现在三个方面：第一产业心有余、地不足，第二产业发展心有余、技不足，第三产业发展心有余、人不足。内生动力不足也主要体现在三个方面：一是市场主体，特别是企业家数量少，块头偏小，高质量的少。二是科技领军人才尤其是乡土人才不足以成为强劲的动力。三是干部队伍力量较弱，可只有干部才能对上述两个群体起到激励作用。但是目前，干部队伍中普遍存在着基于国家民族地区特殊政策的"等、靠、要"思想，也存在着习以为常的"慵、懒、散"的思想，还存在着怕担责、为官不为情况。而"志不求易、事不避难"就是要求干部必须知行合一。浙江省第十次党代会提出红船精神，讲求的是创新实干、创新基因。2017年习近平总书记的致辞中提到，时代是出卷人。毛泽东同志在西柏坡讲话中也提到，共产党人"赶考"在路上。这就意味着景宁"赶考"，要让人民满意。这是第一个维度，从战略上明晰。

第二个维度是战术的落实。从志到知，如何让干部从志转变到知，必须自己出题。原来景宁很多工作全市垫底，但是很多工作不是靠经济水平决定的。所以需要全员全领域"赶考"。

关于实施这样的"大赶考"机制，干部会不会为了高分而出现新形式主义等"四风"问题。每年除省市考核要求之外，"大赶考"要求各单位要立出自己的标杆、标兵或榜样是谁，是什么，然后积少成多，提升工作水平和工作质量。为了防止出现有的单位欺骗性地树立标兵的情况，"大赶考"要求如果涉及树立市级该领域的标兵，必须请市里相关部门签字背书，以确认目标的价值，进而带动其他工作。原来有的单位和人对工作挑挑拣拣，实行"大赶考"机制后变成了主动示志，感动了上级部门，增加了支持性政策和资源，可谓天助自助者。标杆的选取，来自省级现场会的召开、省领导批示，或者包括中央媒体在内的主流媒体的点赞等。在结果运用上也将其作为干部选拔使用的重要依据。

关于"大赶考"机制的制度设计问题。每次考评总会有靠后的部门，这些问题怎么办？对于排名靠后的单位会约谈或者调整其主要领导干部。对于因实干争先而出现失误、错误的单位，视具体情况决定是否启动容错机制。在2017年度的"大赶考"中，过去常优秀的某某局因"赶考"成绩差，局长被调整到其他部门。2018年的"大赶考"中许多单位有所改进，增强了对自身短板的检视，相关工作的主责干部也公开亮相，调整考评难度系数。在公开陈述会之后，还要召开务虚会，进一步深入讨论各单位情况。

关于"大赶考"制度的可持续性问题。干部在"赶考"压力下能绷多久？这个阶段需要强调实干，所有的工作都是系统性推进，不可能单兵突进。因此，所有的部门都得"赶考"。每年会根据实际情况做一些微调，主要视重点工作而定，比如2019年主要针对项目建设，同时更加重视人大、政协和群众建议，也要加强宣传"赶考"

的成效。"大赶考"对干部的影响体现在职位调动、奖励、精神、面子等方面，鼓励能者上、庸者让。县城是熟人社会，有面子问题，"赶考"结果通过媒体公布到熟人社会，考不好面子上也过不去。希望通过"赶考"，让干部"擦拭掉心灵上的灰"。比如，有些局的局长临近退休年龄，定下比较轻松的"赶考"目标，结果单位中层都不同意，因为中层正是向上升的时候，中层干部主动要求调高目标。以往新官不理旧账，不少旧账是硬骨头，过去没人愿意啃。现在哪些旧账是硬骨头，大家都清楚。所以"大赶考"机制下，大家愿意选硬骨头啃。一个部门提出一个目标，需要组团式服务，这样县里就会给予支持。目标是改变这里的政治生态、政治土壤、政治基因。改变一个地方要从改变人开始。这些硬骨头包括景宁的天王山之战、"景宁600"产品这些项目。比如，以"景宁600"产品为例，这实际是一个乡村振兴的问题。干部在"赶考"时就会思考如何实现生态产品的价值，这个项目还争取到了国家深改委的试点。

还有一部分是原来的形式主义问题，过去各地都兴办文化节，搞的声势很大，请了很多明星、名人，但是过去了也就过去了，群众没有享受到实惠，这是景宁要考虑的。在"大赶考"机制下兴办文化的方式和内容到底要怎么做，有待继续思考。

关于"大赶考"的综合作用或者影响的问题。全县领导在公开陈述会上了解总体情况，借此提高了解问题的效率，也提高了各部门与本部门之外各方面、各领域的相互了解，还提高了各级领导干部们的大局意识。

景宁"大赶考"在丽水、浙江省内的反响显著，得到了省长和其他领导的肯定。省委、省政府将该做法印发全省，丽水市开展了"争先竞位大赶超"。云南某县前来学习，周边某县设立了"蜗牛奖"等类似做法。

附录二 "大赶考"陈述会观摩及访谈(节选)

2019年1月4日上午 "大赶考"党群部门陈述会观摩及访谈

档案局、县政协机关、机关事务局、关工委、总工会、县委党校、残联、县委组织部、县农办、工商联、县委统战部、团县委、科协、妇联、县委宣传部、纪委监委、红十字会、县编办、县委老干部局、县人大机关、畲乡报社、县委政法委分别介绍本单位上一年度"大赶考"的情况和下一年的目标。

其间,访谈景宁县领导干部 B。B 同志介绍了景宁"大赶考"的基本情况。"大赶考"实施以来取得的成绩主要体现在以下几个方面:第一,产业发展新态势。例如在第一产业方面,"景宁600"项目中的澄照乡农民产业园,让农民搬得下来,稳得住,富得起。第二产业丽景园项目,省市现场工程居于前列,实现了就地就业。第三产业方面,有两个 AAAA 级旅游景区,现在与港中旅[①]合作建 AAAAA 景区,解决了星星多、月亮少的低小散问题。第二,项目推进有了新气象。原来在项目推进中缺少新的抓手,现在每天发布红黄蓝榜,营造日常比学赶超氛围。第三,民生改善有了新成效。县委县政府将以上"赶考"结果与选人用人、资金支持相结合起来,促进了干部担当干事的积极性。

同时,在"赶考"的目标设置上,景宁也注意到了形式主义与标杆的精准性问题。比如,有的小于800人的乡镇想做水电博物馆,县里审核认为要注重实干实效,这样的目标设置基本没必要。

近两年大的政治生态在清朗,在优化。第一,要带头干,亲政、勤政;第二,干部干得很累,但身累心不累。还涉及压力持续问题,干部的身心跟不上"赶考"的节奏,就要调整。组织部门要多关爱、

[①] 此处的"港中旅",是香港中旅国际投资有限公司的简称。

谈话。

"大赶考"以来的基层治理成就突出点不少。项目推进和产业发展是"大赶考"最突出的两个方面，2019年固定资产投资增加达到47亿，增速位居全市第一，在保证质量的情况下，也要拼速度。

这两年来"大赶考"的亮点是打造最满意的教育和最满意的医疗（双下沉、两提升）。民生是基础设施的改善，比如，建设了28公里绿道，放心消费方面制订了菜市场标准，全域旅游的项目落地。

2019年要干大项目，大干项目。人才是决定性因素，景宁注重人才引进，像云河水岸、小佐居、李宝村的经营人才以及西湖国宾馆厨师等，都引进到景宁来了。在发展民宿业的时候过去缺少人才，民宿业的人才不只从县内培养，也要县内外多方并举。社会治理方面，景宁一直比较稳定，2018年9—10月被评为平安满意度省级第一。当然，这也与景宁的传统和地理位置有一定关系。其他方面的成绩还包括，域外网格管理创新，这在全国是首创。

2019年1月4日下午　赶考办调研

走访赶考办并座谈了解全县"赶考"基本情况。

一、"大赶考"机制特点

第一，"大赶考"精神已经深深地扎根基层，深入人心。

第二，"大赶考"的目标和事项更加聚焦政府重点工作和民生关切。在每年的年初，领导会做点题性的要求。单位大致分两种：务实的与务虚的。大部分务实单位注重从群众增收、上级主抓的问题入手。科协等一些务虚单位，也从服务群众和服务产业的角度入手订立工作目标。

第三，"大赶考"既讲成绩也谈问题。一半以上的单位在自我陈述时会把自己的问题摆进去。

第四,"大赶考"实施和陈述都更加具体。比如,什么事情由谁来抓,是哪个干部包括中层干部负责的,要见人见事,因此媒体和中层也受到很大的触动。"大赶考"在各单位考核当中的实际占分比较小,但是各个单位都全勤应对并做出实绩。

第五,"大赶考"机制是一种倒逼机制,触动各单位和个人,梳理以往工作,也由此明确了工作重点,得以进一步统筹规划,全盘思考,而不再局限于本部门和个人,一定程度上避免了部门本位主义和利己主义。

二、"大赶考"陈述会中的代表评判制度

在2017年"大赶考"实施第一年,村干部代表等是通过随机抽样的方式产生;到了2018年"大赶考"实施第二年,村干部代表从10个综合先进村的村支书中产生。政协和人大提供20人,考虑适当平衡。40人的选定原则是,每个街道4人,4个镇2人,每个乡1人,再加上部分的机关干部。为防止出现类似某些省份人大代表资格问题和选举问题,37个部门联审所有的"大赶考"陈述会代表,所以代表素质过关且过硬。

为什么要用代表评判制度?第一,体现大家来评判"赶考"成效。第二,通过"大赶考"陈述会中能否现场提出针对性的意见,考察并提高代表的履职能力和水平。第三,"两代表一委员"的人选注意平衡,各选10人。第四,以会促训,增强"两代表一委员"等代表群体的使命感和责任感。

关于"大赶考"陈述会上的打分表。领导的打分表,包括总体成效60分,亮点30分,短板10分;代表的打分表为综合100分制。加总为整体200分,含目标20分,常规工作180分,常规工作还包含了月度监测,取消年终实地考核。过去年终实地考核,走过场比较多,而且上百个单位、乡镇,每一个都要跑一遍,造成时间、资源、人力、物力上很大的浪费。举办"大赶考"陈述会，把需要汇报工作的各单位都集中起来，县委县政府领导，人大、政协等机构的领导和相关负责考核的机构，集中听取工作汇报，省去了各种迎来送往，大大节约了时间、精力、人力、物力。

在2017年"大赶考"实施的第一年，代表之间还有打招呼现象，但到2018年以后，就没有人再打招呼，因为党的十八大以后政治生态更好了。

2018年将原来的综合考核和"大赶考"合二为一，赶考办承担了考核办的职能。考核内容包括实干履职内容，自选项目成为亮点。同时还有重点工作通报，在县领导"畲乡铁军群"一周一通报。赶考办督查的事项不完成，扣0.2分。

三、"大赶考"机制的变化

第一，6分钟陈述改为7分钟陈述。

第二，要求提出1—3项亮点，并指明谁是负责人，见人见事。这有利于结果运用，特别是干部选用。"大赶考"以来，平时就加强了对干部的了解和观察，每年分三次做这项工作。第一次是9月底10月初，"大赶考"督查，督查组组长找各单位的"一把手"推荐干部1—3人，然后县委常委、组织部部长听取督查组组长汇报。第二次是10月底，干部关心关爱月，组织部下基层，找干部谈心。第三次是"大赶考"陈述会，在会上各单位要点出本单位亮点工作的负责人。关于优秀名额的分布问题，如果一类乡镇在本序列考核中倒数第一，则失去优秀名额。在"大赶考"中被评为优秀的单位，本单位的党政正职至少一人为优秀。因此，在"大赶考"中被评为优秀的单位，优秀名额相应增多，根据具体排名奖金按1.4、1.2和1.0的比例发放。

第三，要求亮丑，讲问题，讲短板。以前的考核也讲问题，但讲问题大多是轻描淡写，或者只讲一些大而化之的问题，回避实际问题、要害问题。"大赶考"以后，各单位敢于自揭家丑，敢于亮短。这其实是好事，让评委、领导等知道陈述单位实际的不足、问题在哪里、面临着什么样的困难、又克服了什么样的困难，有利于更客观地看待各单位取得的成绩。

四、"大赶考"机制存在的问题

第一，102个考生的"赶考"目标都不是能够百分百掌握的。在5个环节审核当中，县分管领导的审核相对宽松，县领导主要掌握宏观面。组织部部长审三条线——"大赶考"排名、党建排名和干部排名。从几次的审核结果看，上下得出的结果大致一样，也证明了"大赶考"机制比较客观。

第二，找准苦劳与功劳的最佳结合点并不容易。"大赶考"机制倒逼各个职能单位，埋头苦干时也要抬头看路，包括学习省委会议精神等，让上面的精神与地方的实际结合起来。

第三，龟兔赛跑式的部门差别问题。各个被考核单位之间的差别比较大，属于不同质竞争。然而，丽水市一级实行自行考核，本地"大赶考"的分值差距又不会太大。所以，"大赶考"首先看有没有激发主动工作的潜力，第二看部门在划分序列内的打分情况。

2017年第一次"大赶考"的不同序列排名情况：经济管理序列中，第一名是建设局招商局，最后一名是科技局。社会管理系列中，第一名是教育局，最后一名是安监局。党群序列中，第一名是农办，最后一名是科协。乡镇序列中，第一名是东坑镇。该排名和上述问题分析存在暗合之处。2018年的排名还没有出来，估计会有变化。

2019年1月4日下午　县委组织部调研

我们来到作为"大赶考"机制的组织部门和牵头单位的县委组

织部，进行以下内容的相关交流。

"大赶考"机制重视结果运用，把"赶考"结果运用到干部调整中，对于鼓励干部士气起到了重要作用。同时，干部选用也多了一个参考依据。2017年根据"大赶考"结果，提拔干部98人，诫勉谈话或调离12人。在"赶考"过程中，县委主要领导以身作则，率先垂范，再加上"大赶考"机制的配合作用，现在景宁的政治生态非常好。

目前干部群体当中对"大赶考"机制实施的意见，包括以下几个方面：第一，认为成绩不够合理。第二，在节奏把握上，缺乏对投机取巧者的惩戒措施。所以目前陈述成绩占20分，即10%都不到的比例。"说"只是一个形式，为了凝聚人心、鼓舞干劲，还需要其他指标来佐证。"大赶考"的评分结果基本与年终考核一致。讲得好的单位未必干得好，干得好的单位一定讲得好。

"大赶考"带来压力持续问题。全县的干部都在跑，许多人都在加班，要守规矩讲政治，这是一个新常态。县管干部大约600人左右，许多人的晋升空间是有限的。比如，处级30几人，副处级20几人，副科级500多人，正科级100—200人，晋升空间不大；奖金也不能多发。如何激励大家努力干工作在过去是一个不太容易解决的问题。但是人还要讲求面子，所以"大赶考"机制还是需要的，这一招对于干部队伍建设和干部激励意义重大。

"大赶考"机制对于年轻干部成长具有正向作用：第一，一个人刚参加工作时接触的氛围对其影响最大，所以"大赶考"机制对于年轻干部的成长有意义。第二，原来10分的工作现在增加到12分，也给年轻干部创造了机会。第三，2018年开始举办"90后"干部素质提升班。第一次是大学习，县委书记出5道题，遴选80人参加，最后定为50人。第二次是大调研课题，5人一组，结合本职工作，开展一个月时间的培训。第三次是大抓落实，比如村社"大赶考"，由三人一组抓落实。经过三步培训后，设立年轻干部库。这等于给景宁培养了一支人才的生力军，对未来景宁的发展意义重大。

2017 年 1 月 7 日下午　县政府访谈

当天下午，我们来到县政府，与有关同志就下列内容进行了访谈。

一、"大赶考"机制出台的起因

有大比拼、大比考、大赶超、创新实干等提法和活动，最后景宁定位于"'志不求易、事不避难'大赶考"。这一说法来自于后汉书和习近平总书记的嘱托和勉励。

二、"大赶考"机制出台前有否反对意见

大方向上没人反对，但主要的意见集中在操作细节。比如，年末的陈述会，大家感到对自己有触动，同时也有利于了解全县的年度工作。但是，2017 年大多重视对亮点和标杆的打分，全局观不足，鲜有人关心经济发展、GDP 等重点工作。2018 年就对此做出了改进。

三、"大赶考"机制的要求变化

2017 年的"大赶考"当中，各单位的年度"赶考"任务要求一年内完成。2018 年则改为，各单位订立的"赶考"目标可以分三年完成，不再过于短期，而是有战略方向的考虑，所以打基础的工作也算作绩效。这实际对显绩和隐绩做了区分，促使各单位在订立目标时，一定要有方向性、长远性的考虑，既要有一定的进度，又不急于求成。

四、"大赶考"机制实施带来的变化

第一，"大赶考"机制下，各个单位自然而然就朝着正确的方向集中专注，精力的牵扯也会减少。现在各个部门更加主动去找县领导协调事宜。

第二，副县长等主管领导也能腾出时间思考。例如，王副县长主管22个经济管理部门，他也必须更深入的思考。"大赶考"机制倒逼主管领导更主动地去思考。

第三，干部主动作为和担当的意识增强，奋进状态也被激发出来。因为这是景宁干部自己定的目标，自己定下的承诺总要做到，而不是别人要你干。"大赶考"机制设计中每年的自定目标和标杆，让每个干部对手头工作的认识发生改变，再忙再累，亮点和标杆都在那里。如果年末完不成年初自己定下的目标，则要经过县里认定是什么原因，是主观原因还是客观原因，区分考虑各种工作的难度和实际情况。

风清气正是"大赶考"机制实施以来的最大改变，政治生态变得非常好。比如，没有人再会去打招呼，行不行，看实践，因为"大赶考"摆在那了。

五、"大赶考"机制的不足

第一，初期的时候，没有非常有效地破解干部想担当不敢担当、想做又不敢做的问题。追责的力度比较大，但是容错的机制比较模糊。为了不被问责，干部会选择做一些可以被免责的工作。例如，个别上级部门找替罪羊，做选择性执法。所以，"大赶考"在导向上可以做制度引导，只要个人没问题，在第二年处理问题前，可以把主责领导调整到其他的岗位。比如，土地开发问题方面，及时调整三位负责人。"大赶考"的整个模式、机制和推进已经比较完善，"大赶考"已经形成"想担当"的氛围，现在是要破解"敢担当"的问题。

第二，年度目标的审核和制定要更加充分。例如，2—3月做谋划的时候，还不知道省市年度目标，等到省市目标公布以后再谋划目标又太匆忙，几次修正又不太科学，所以，可以适当调整时段，与全国和省市接轨。制定目标时，要避免形式主义，"大赶考"要把重要的事，而不是所有的事情都纳进目标中。

第三，考核机制的科学性还有待继续探索。比如，市一级对县一级考核只看总量，而不看自我的进步程度。2018年合入考核后，很多的数据由部门来打分，就会出现为了考核而去完成最高分数目标的情况，所以也需要县一级展现正确导向。

六、"大赶考"机制的常态化问题

即人走茶凉情况是否可能发生。目前发展某产业，项目形式居多，内化于习惯的机制性做法还不多。换了一届领导，可能做法名称改了，但运作机制还基本保持一致，亟待"一张蓝图绘到底"。以前的务虚会上没有"大赶考"，讲了也就忘了。实施"大赶考"以后，因为目标贯穿一年，务虚会上就需要年初年终进行对照，每个月辅之以例会推进。

如何平衡考核的科学性和主观激励？"大赶考"有阶段性特点，所以考核办法每年年终都会做调整，希望建构一个相对科学的考核框架，其他地方不宜直接照搬。

"大赶考"是一个管理机制，推进部门协同。以往，职能部门存在着门难进、脸难看、事难办的情况。"大赶考"以后，县里会更加重视地方工作，协助地方发展也是部门的"赶考"内容之一，多部门更容易形成合力。领导牵头，督查时发现问题，更快解决问题，部门之间的沟通配合会随之更多更好。

"赶考"不同于以前的运动式活动或主题式活动。要正确理解"大赶考"当中提出的"跳起来摘桃子"的要求，目标不是年年递增，而是自行根据每年的工作来确定。

目前，村社也在"大赶考"，是村社书记做陈述，重在落实乡镇（街道）的项目工作，加上解决本村社问题的自选题目。乡镇（街道）原来不了解村社问题，现在通过"大赶考"机制，更加了解村社问题。一个村的力量可能很弱小，很难单独办成有规模的项目，有时就需要联合。例如，16个村合建了一个公司，各村入股并自选董事，集体决定出租和参与的项目，乡镇干部牵头管理。这种集中力量办大事的方式，也带动偏远小村增加了集体经济收入。

参考文献

一　中文文献

（一）中文著作

《斯大林选集》下卷，人民出版社1979年版。

《毛泽东选集》第二卷，人民出版社1991年版。

《邓小平文选》第三卷，人民出版社1993年版。

习近平：《决胜全面建成小康社会　夺取新时代中国特色社会主义伟大胜利——在中国共产党第十九次全国代表大会上的报告》，人民出版社2017年版。

俞可平：《治理与善治》，社会科学文献出版社2000年版。

［美］詹姆斯·罗西瑙：《没有政府的治理》，张胜军、刘小林等译，江西人民出版社2001年版。

［美］古德诺：《政治与行政》，王元、杨百朋译，华夏出版社1987年版。

［美］戴维·奥斯本和特德·盖布勒：《改革政府》，周敦仁等译，上海译文出版社2006年版。

［美］珍尼特·登哈特、罗伯特·登哈特：《新公共服务：服务而不是掌舵》，丁煌译，中国人民大学出版社2011年版。

（二）中文期刊、报纸、网络文章等

习近平：《切实贯彻落实新时代党的组织路线　全党努力把党建设得更加坚强有力》，《人民日报》2018年7月5日第1版。

《习近平出席中央和国家机关党的建设工作会议并发表重要讲话》，2019年7月9日，新华社（http：//www.gov.cn/xinwen/2019-07/09/content_5407704.ht）。

习近平：《激发制度活力激活基层经验激励干部作为　扎扎实实把全面深化改革推向深入》，2018年7月6日，新华网（http：//www.xinhuanet.com/politics/leaders/2018-07/06/c_1123090619.htm）。

丁志刚：《如何理解国家治理与国家治理体系》，《学术界》2014年第2期。

［英］罗伯特·罗茨：《新的治理》，木易编译，《马克思主义与现实》1999年第5期。

李斌：《党面临的"赶考"远未结束——习近平总书记再访西柏坡侧记》，2013年7月15日，中国廉政网，转载于中国共产党新闻网（http：//fanfu.people.com.cn/n/2013/0715/c141423-22200199.html）。

中共中央办公厅：《关于进一步激励广大干部新时代新担当新作为的意见》，2018年5月20日，央广网（http：//baijiahao.baidu.com/s？id=1600981715203796893&wfr=spider&for=pc）。

《景宁畲族的民风民俗》，2018年2月2日，新茶网（https：//www.xincha.com/x/1448725/）。

二　英文文献

Marc Holzer, "The Resource Guide to Public Productivity", *CUNY*：*Na-*

tional Center for Public Productivity at John Jay College of Criminal Justice, 1983.

Linda Kaboolian, "The New Public Management", *Public Administration Review*, Vol. 58, No. 3, 1998.

Donald F. Kettl, *Sharing Power*, Washington, D. C.: Brookings Institution, 1993.

W. F. Willoughby, *Principles of Public Administration*, Baltimore: Johns Hopkins University Press, 1927.

Woodrow Wilson, "The Study of Administration", *Political Science Quarterly* 2, Reprinted in 1997 in Classics of Public Administration, 2d ed., Jay Shafritz and Albert Hyde Chicago: Dorsey Press, 1987.

致　　谢

　　本课题研究在调研和写作过程中得到了景宁等相关方面的大力支持，为课题调研工作提供了许多重要信息和方便，在此一并表示感谢！

　　感谢丽水市委常委、景宁县委书记陈重同志，县委副书记、县长钟海燕同志，县委副书记、政法委书记潘伟同志，常务副县长王益同志，宣传部部长季建标同志，县委常委、县委办主任雷应江同志，组织部部长王乐同志，副县长毛华庆同志等。

　　感谢景宁县委办刘世宝同志、刘红同志，县府办毛陈宇同志，纪委雷振华同志，组织部林敏同志、金锋同志、彭凌飞同志，县委党校何阳宁同志，科协梅根金同志，党史办张兆清同志、郑利锋同志，赶考办吴平同志、周大方同志、柳彩华同志，民宗局雷巍芬同志，文旅局蓝利明同志，政法委林长春同志，司法局陈建灵同志，农业农村局柳先敏同志、陈芳同志，发改局王庆同志、张昌勇同志，财政局陈华星同志，环保局任周良同志，教育局林建锋同志、陈战耕同志，鹤溪街道吴巧玲同志，东坑镇吴海东同志，沙湾镇叶金海同志，渤海镇陈孟嘉同志，澄照乡林方金同志，景南乡彭伟明同志，毛垟乡潘景景同志，郑坑乡雷洁畅同志、大地乡刘莺同志，国家非物质文化遗产——畲族民歌代表性传承人蓝陈启（蓝大妈）同志等。

致　谢

感谢中国银行景宁支行周松鹤同志等。

感谢中国社会科学出版社。

感谢中国社会科学院政治学研究所的领导以及田改伟研究员带领下的创新工程"政治体制改革与党的建设"项目组。

此外，还有许多同志都曾对景宁的研究提供了各种各样的帮助，不能一一列举，谨向所有帮助过我们的同志表示衷心感谢！

付梓之际，适逢新中国成立70周年，欢庆致敬中积蓄再出发的力量。70年前，中国共产党人进京"赶考"，70年后的今天，中国共产党人继续新时代"赶考"。感谢景宁做出了"大赶考"这样勇敢又富有实效的探索，也祝福景宁在未来的振兴道路上越走越好，为"浙江的今天"和"中国的明天"贡献出更多的景宁元素。我们会对如何提升定向人群管理培养与基层社会治理绩效的理论与实践等相关问题持续关注和思考。

新时代"大赶考"课题组
2019年10月27日